Livre de coloriage

Grange rouge et animaux de la ferme

Coloring Pages for Kids

Coloring Pages for Kids
An imprint of Ciparum LLC

Livre de coloriage grange rouge et animaux de la ferme
© 2017 Ciparum LLC
All rights reserved.
ISBN-10:1-63589-380-1
ISBN-13:978-1-63589-380-9

Coloring Pages for Kids

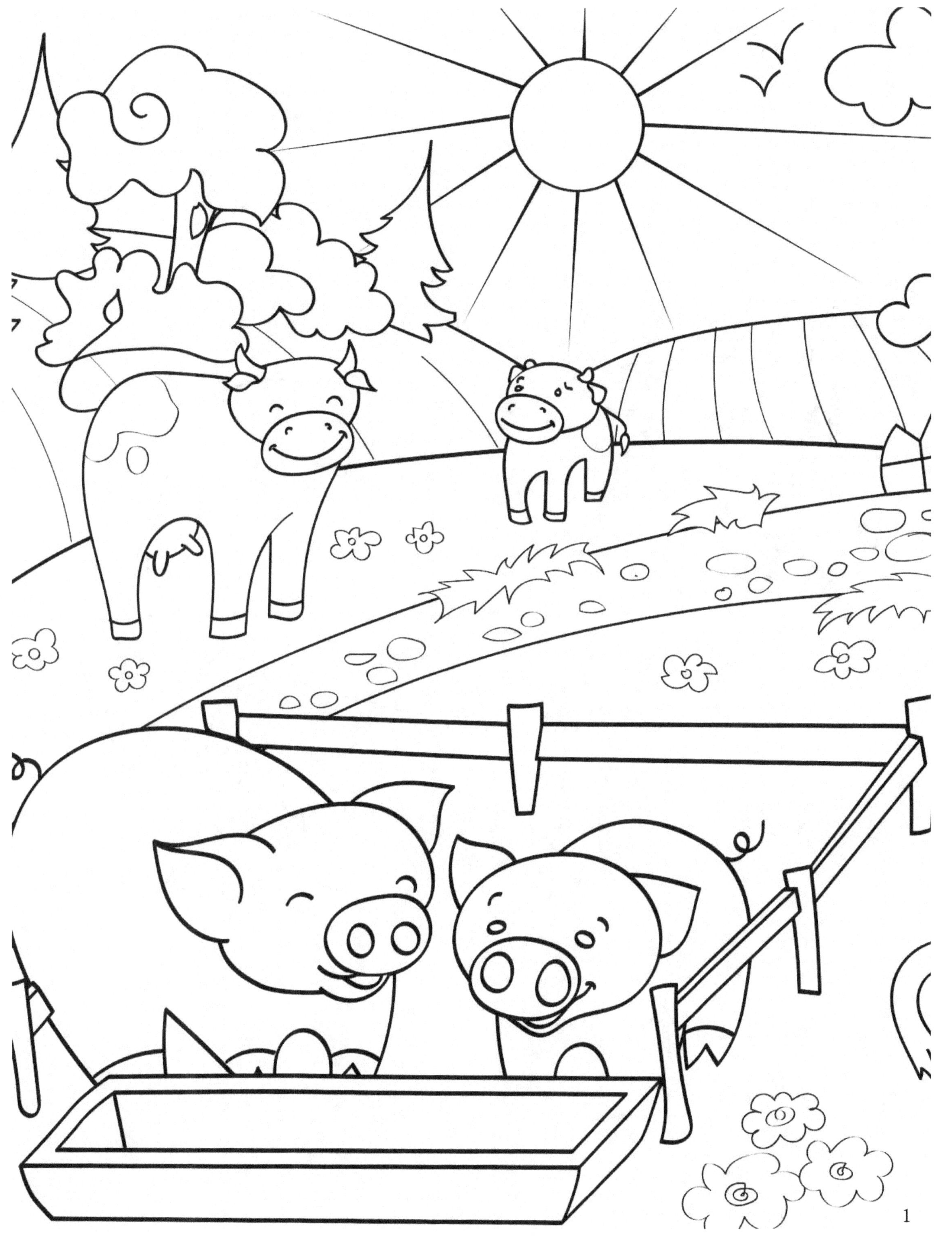

1

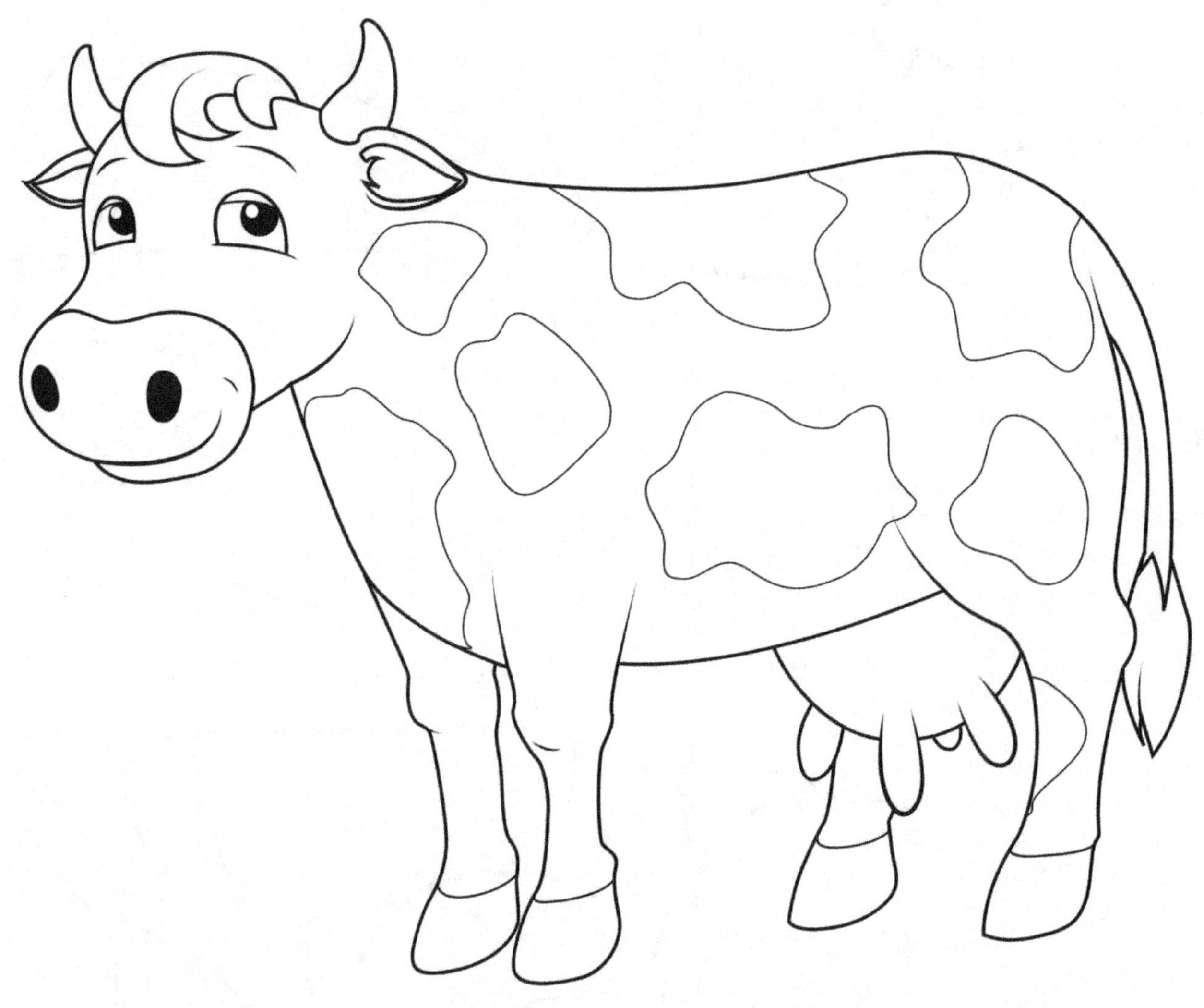

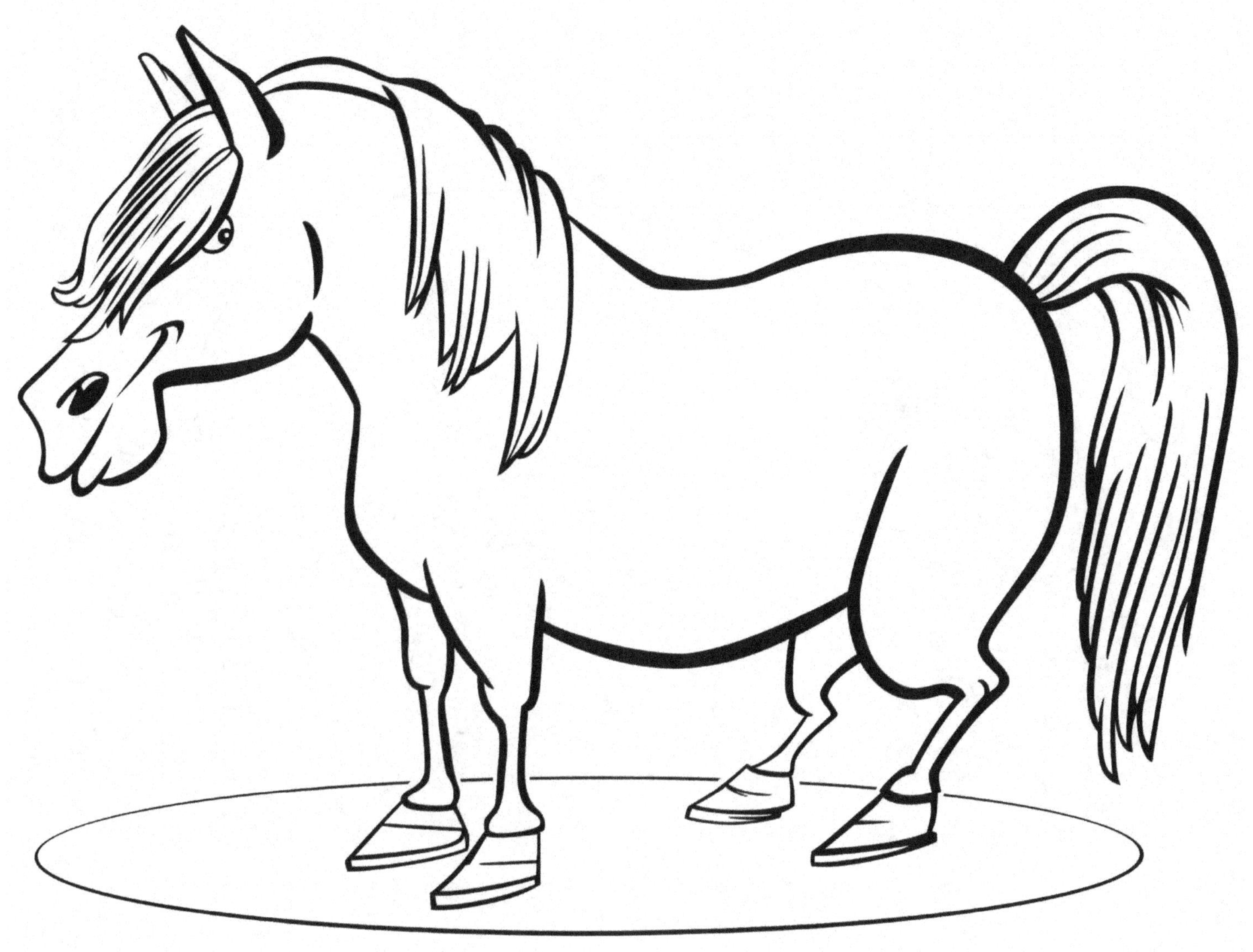

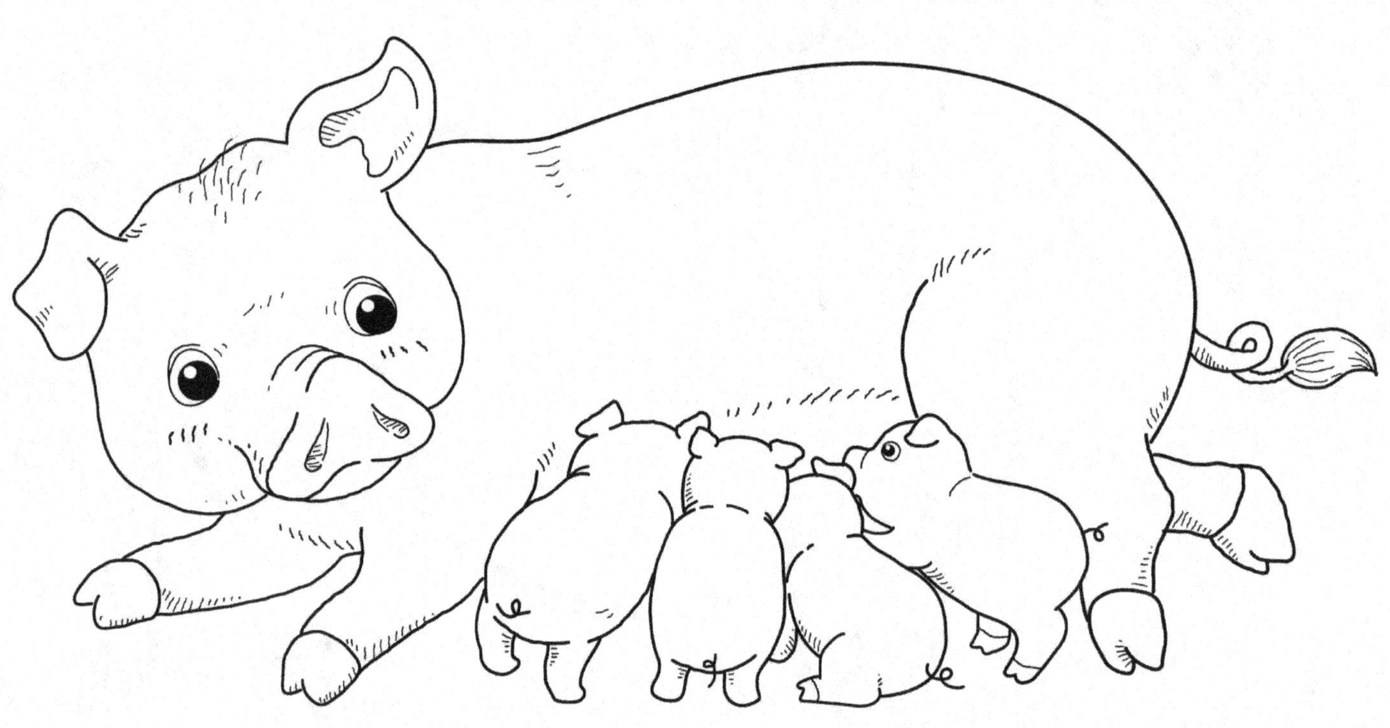

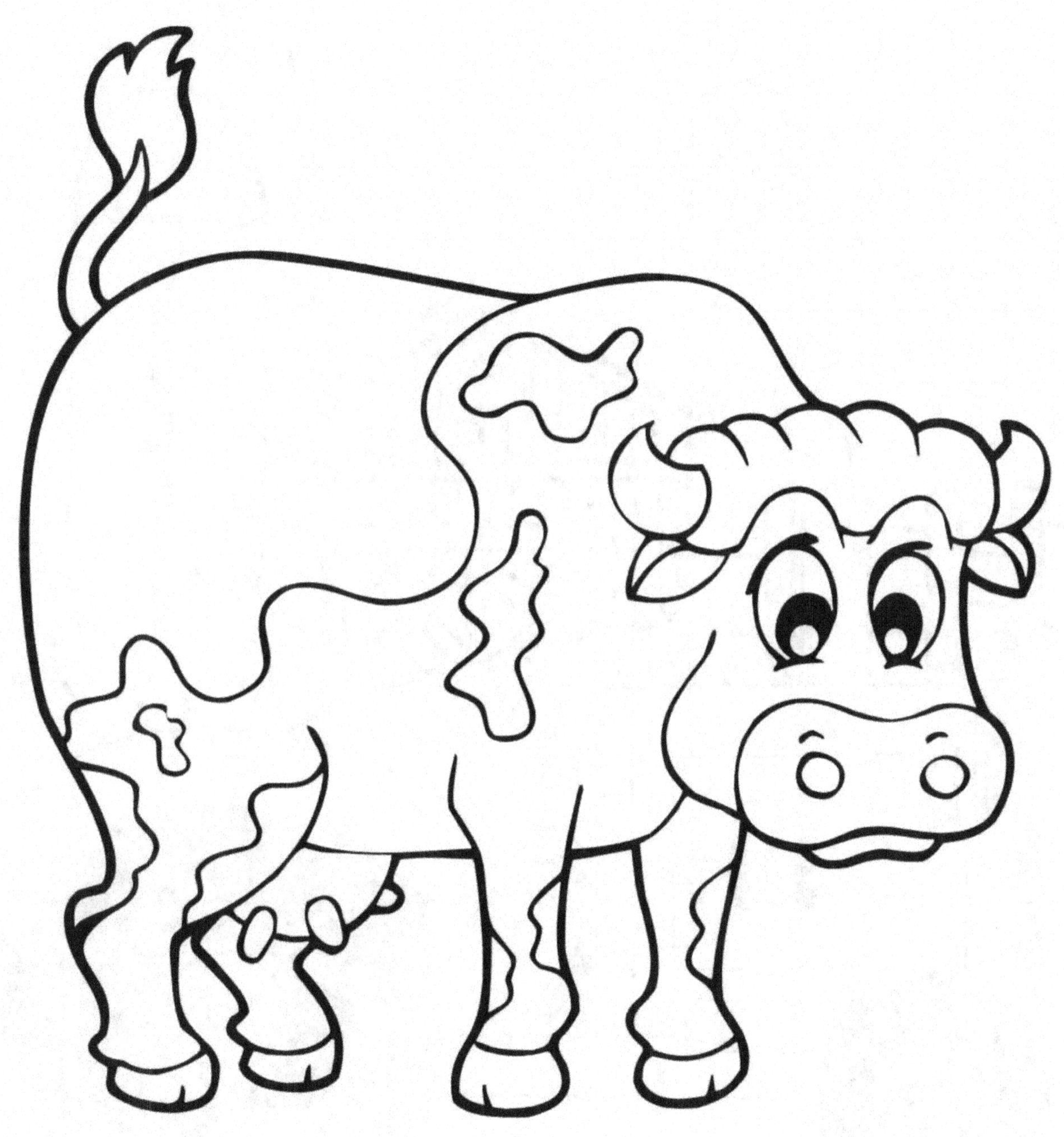

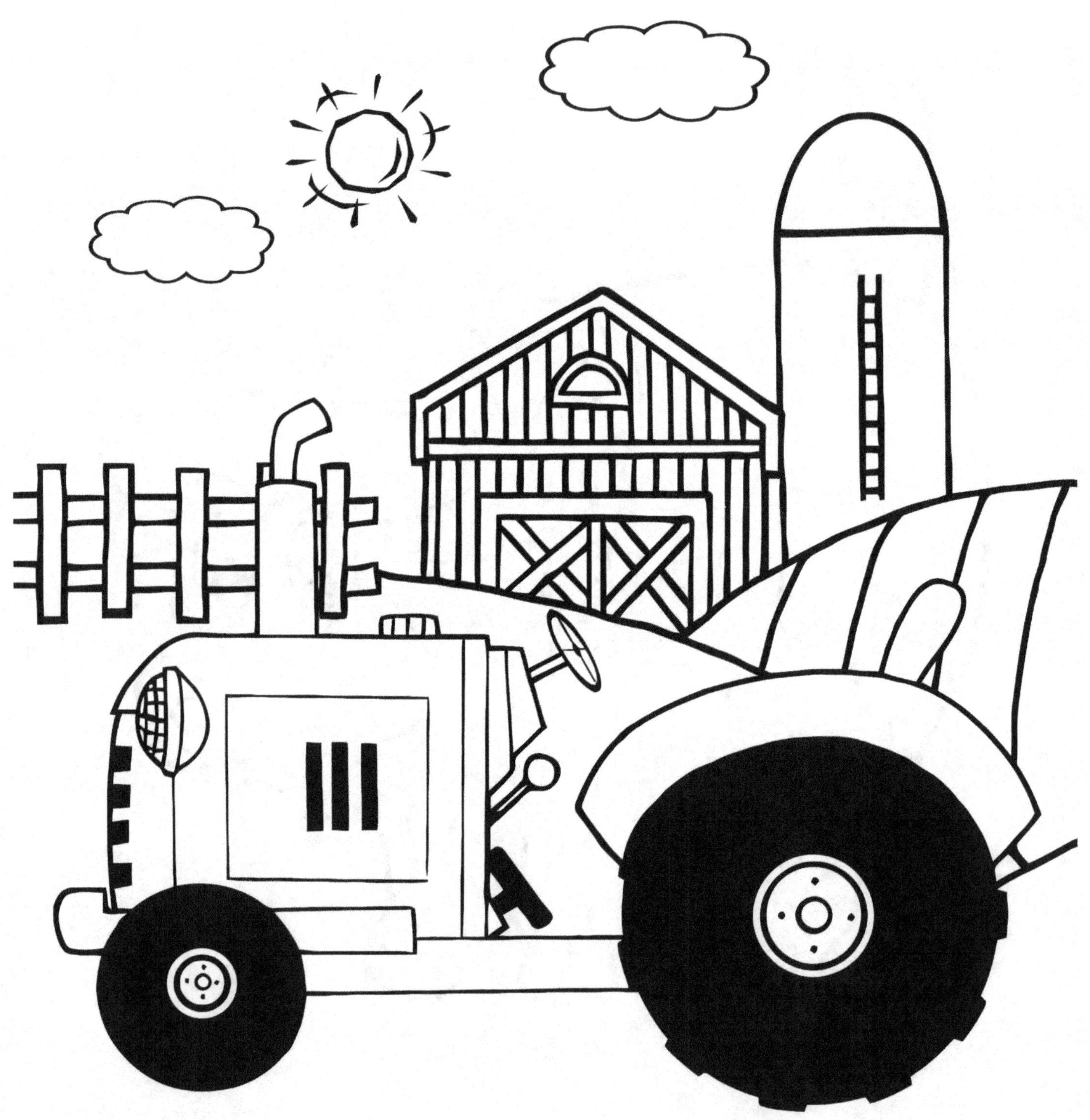

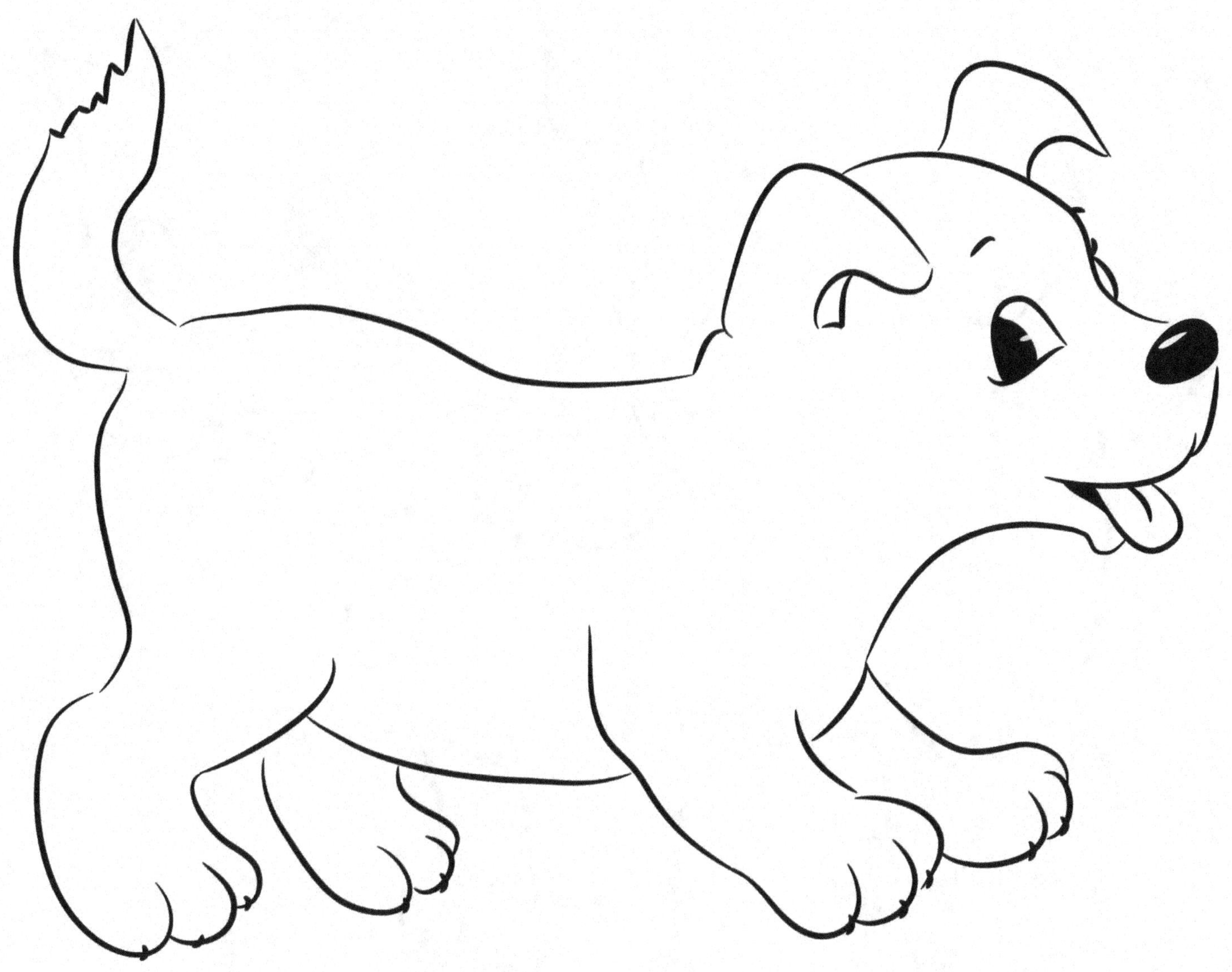

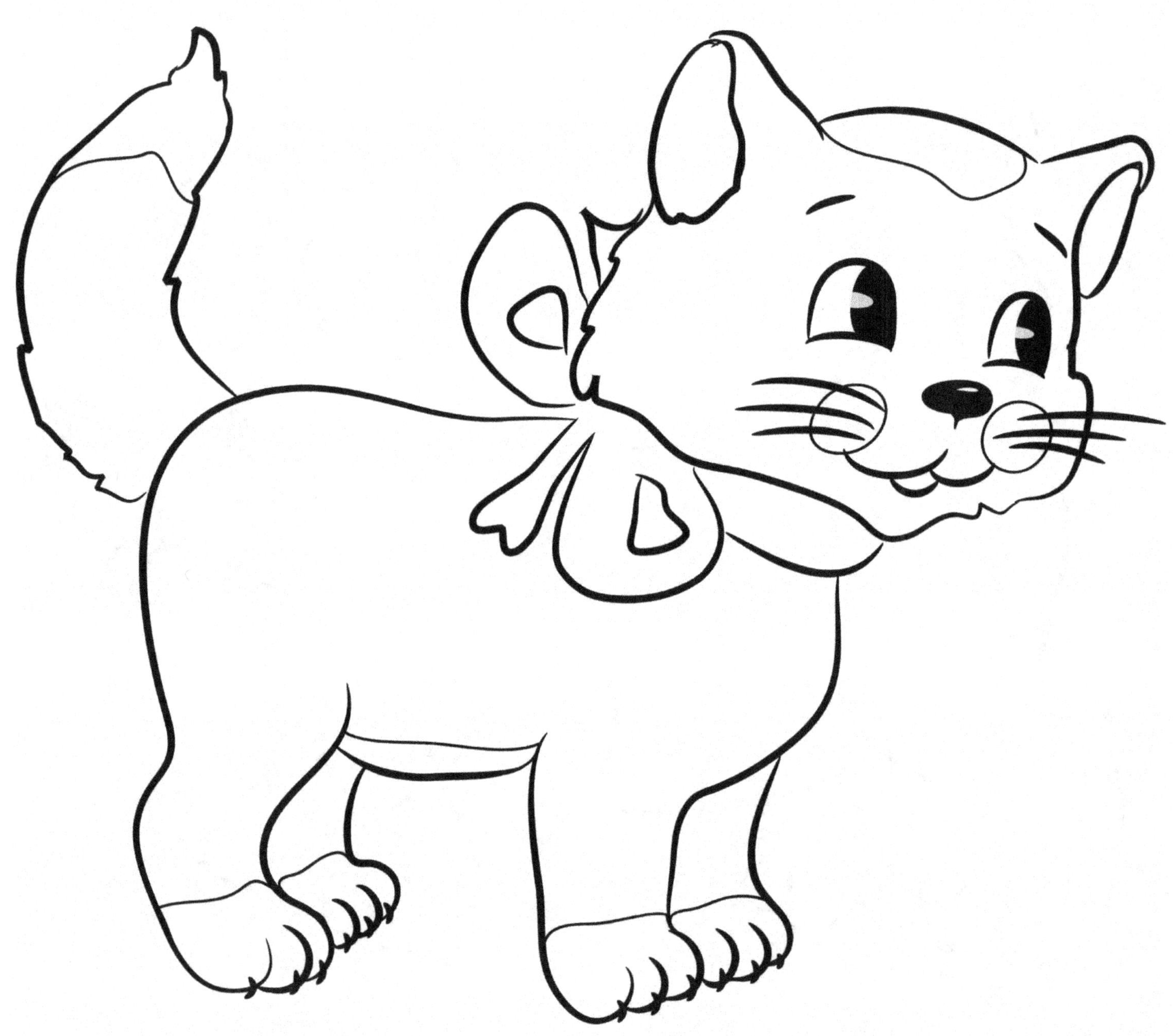

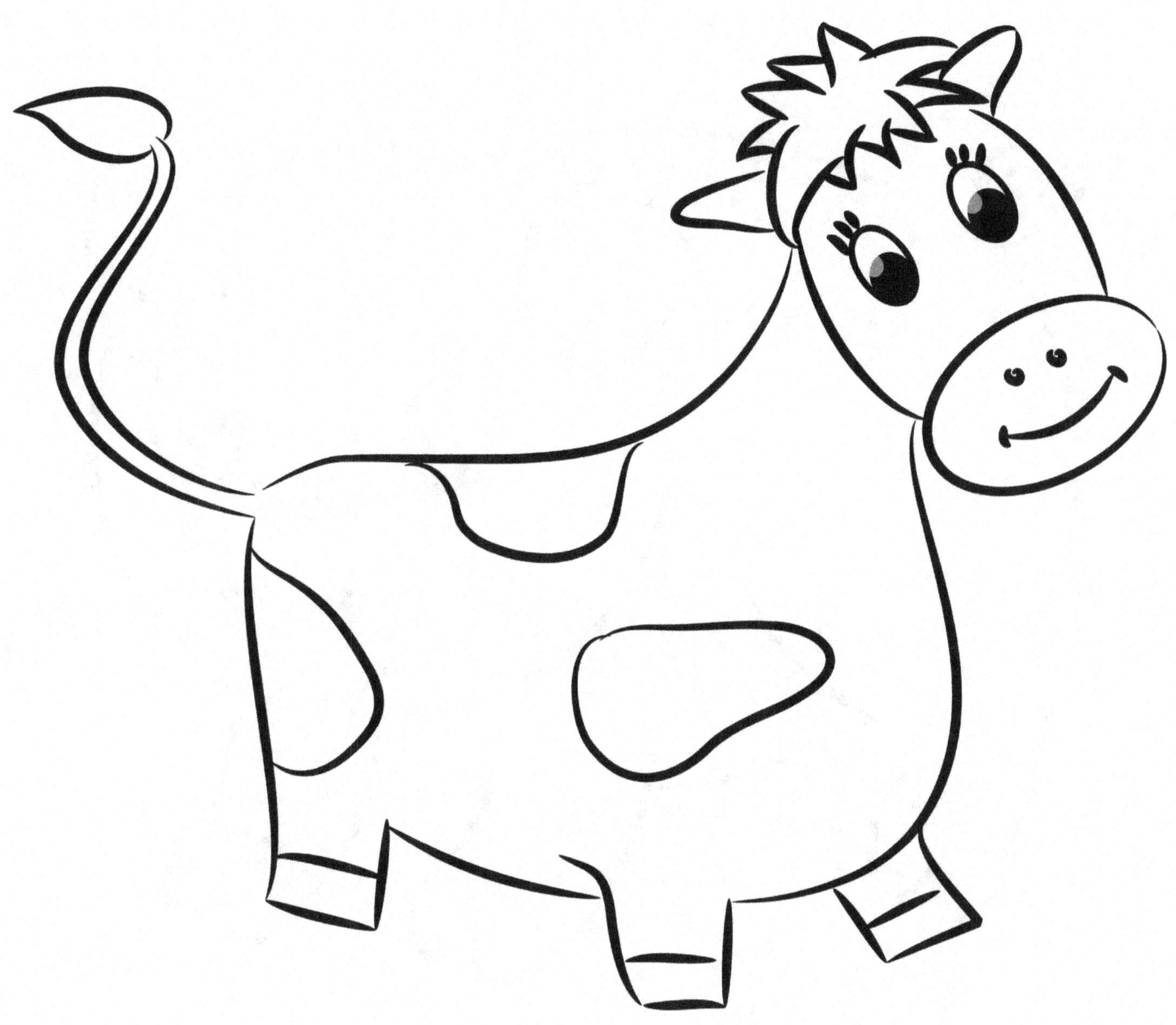

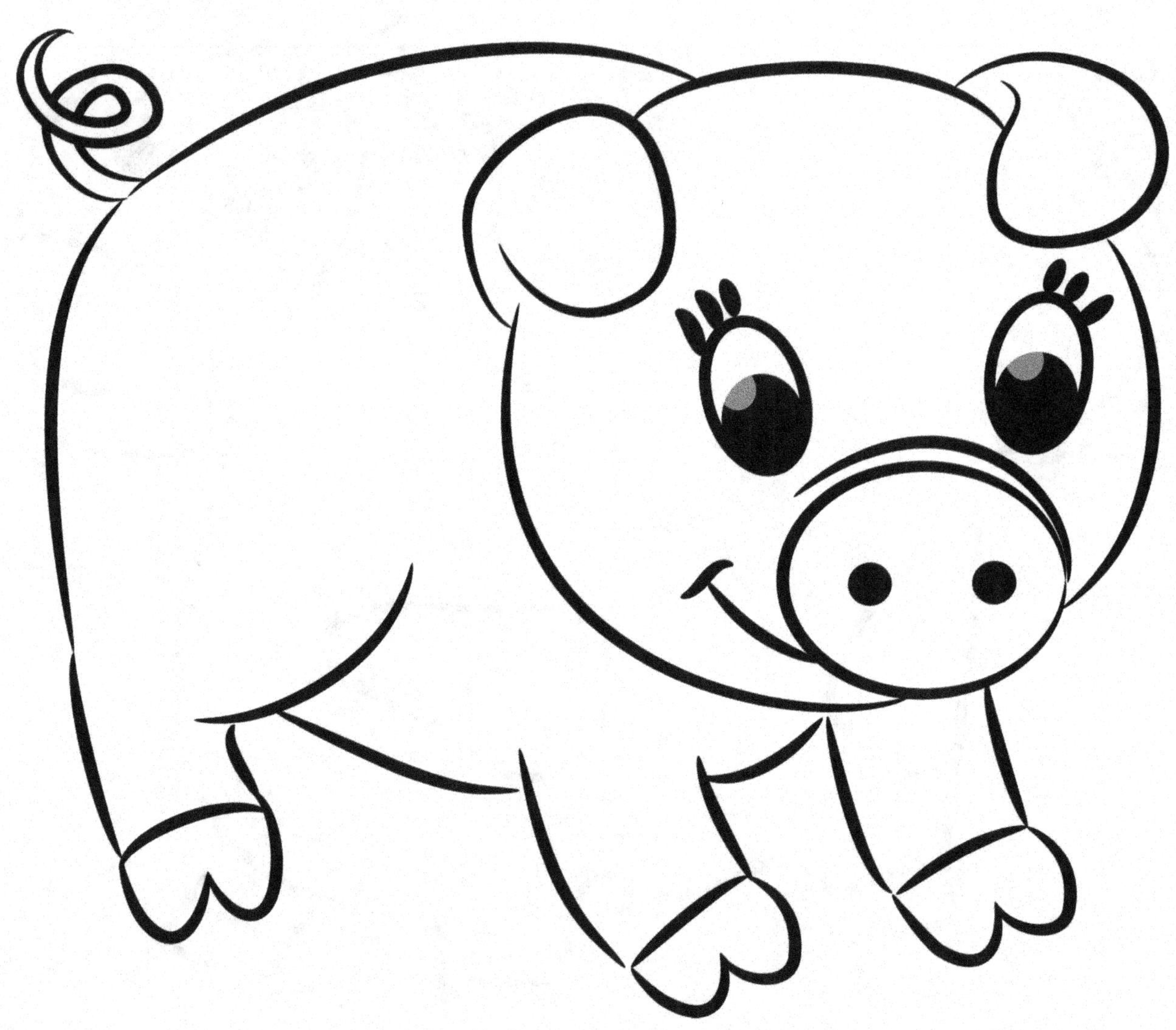

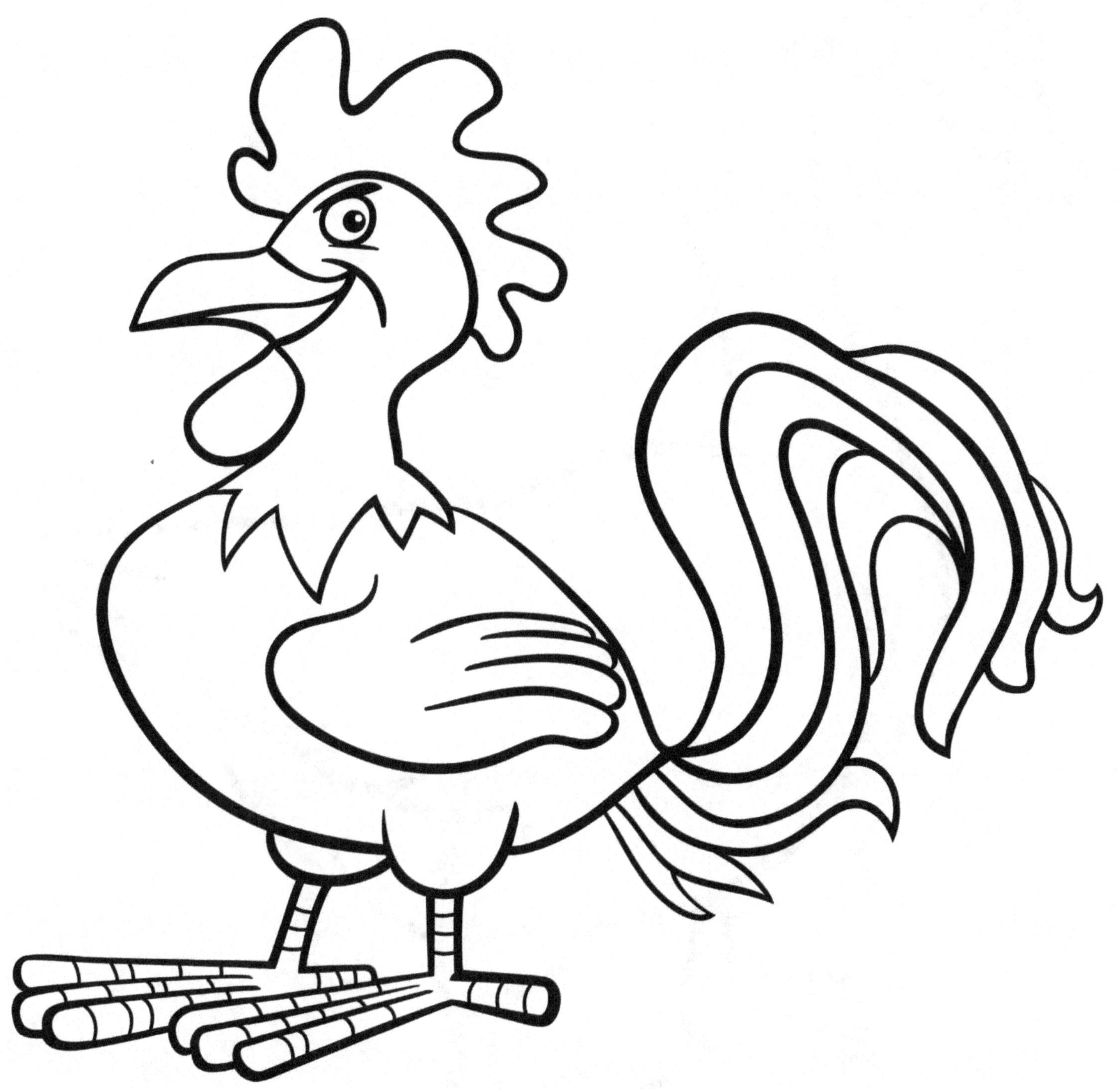

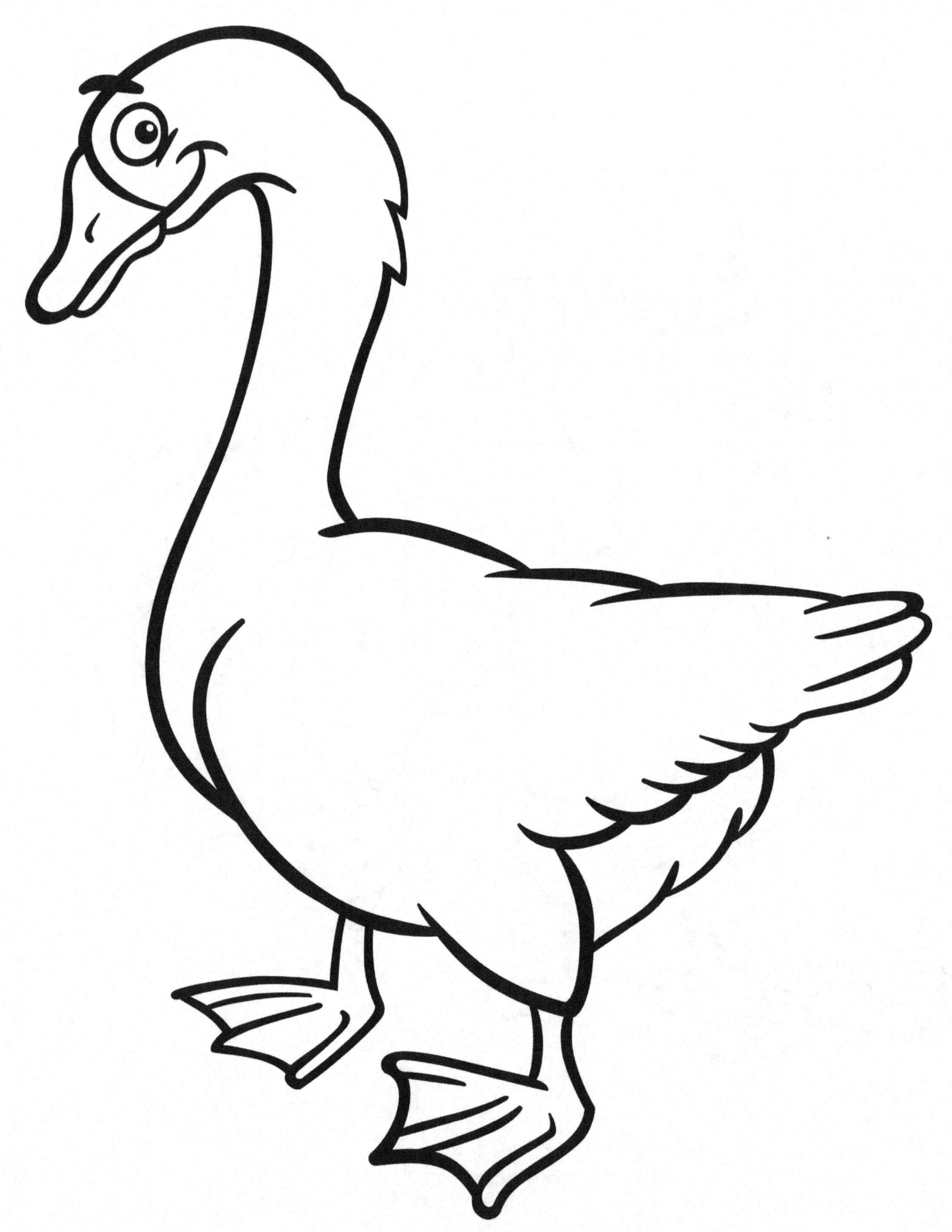

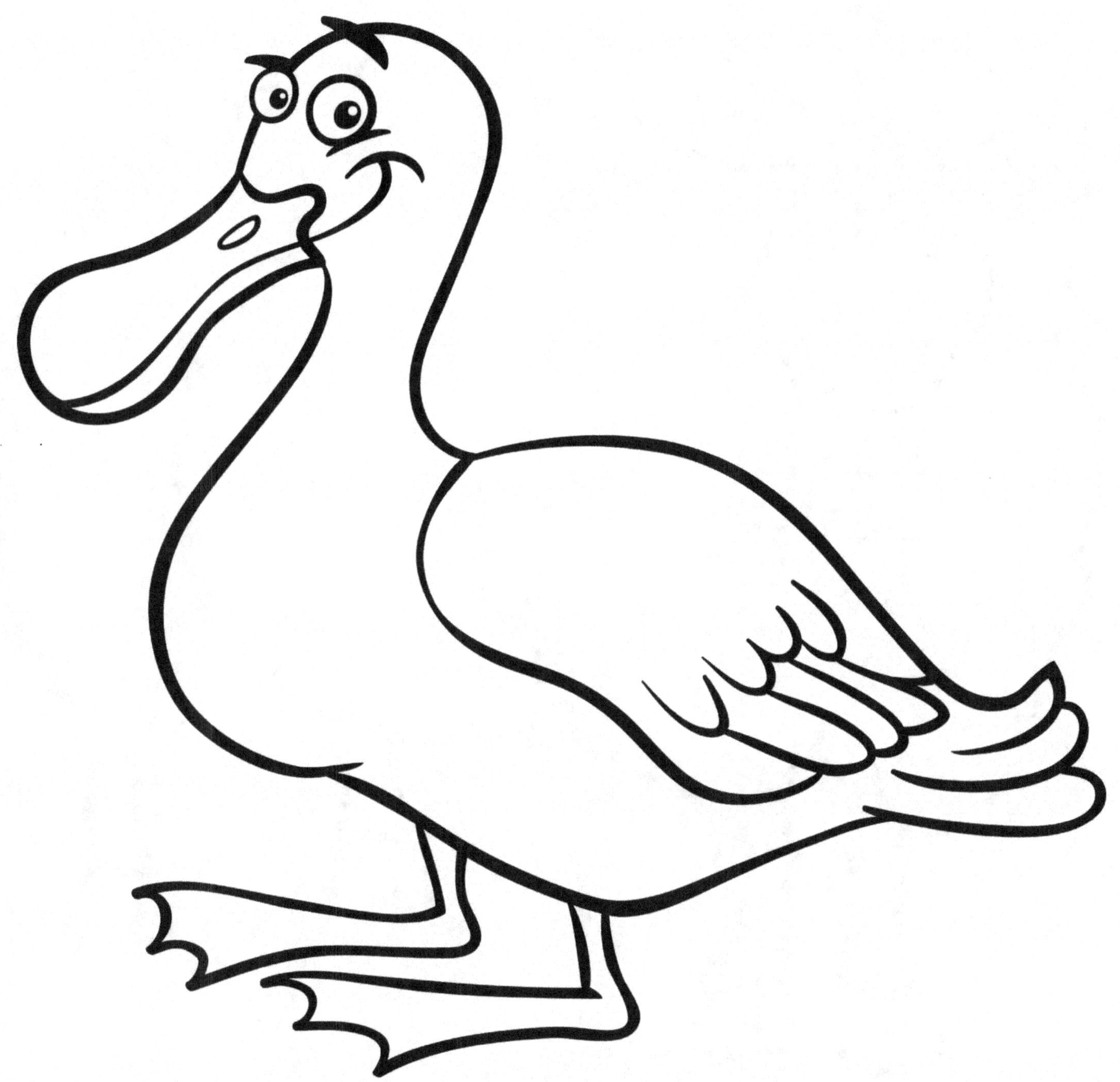

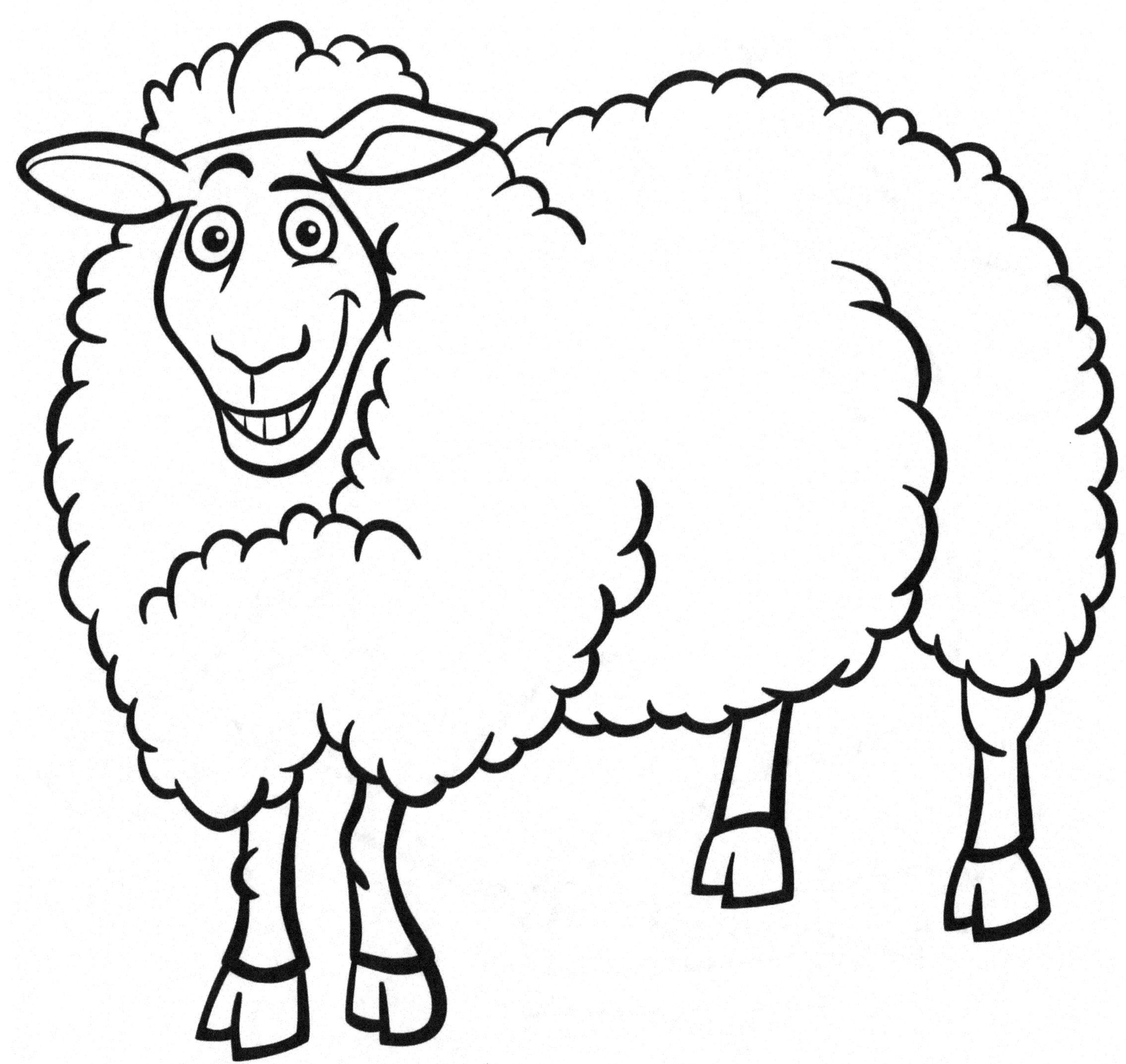

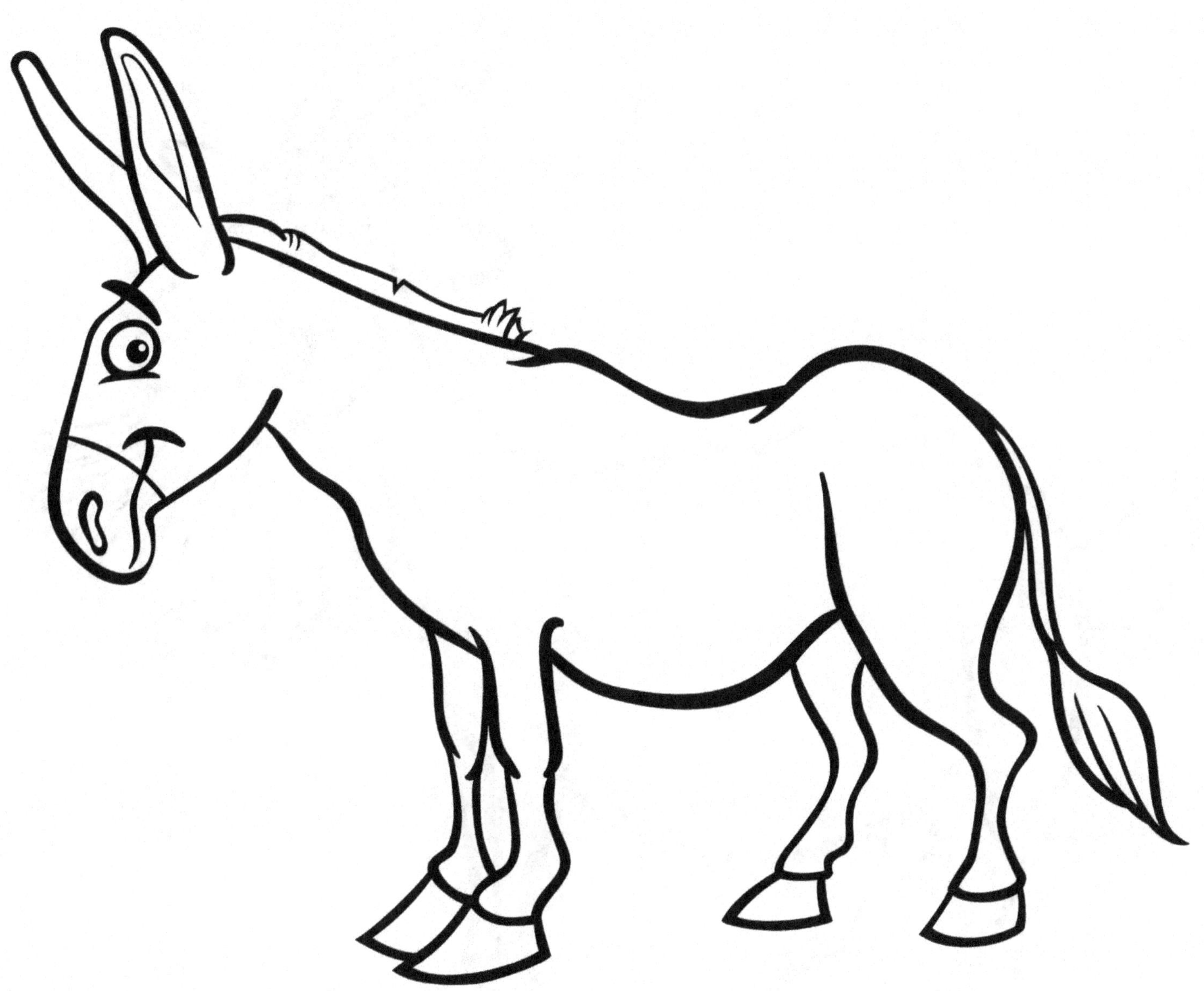

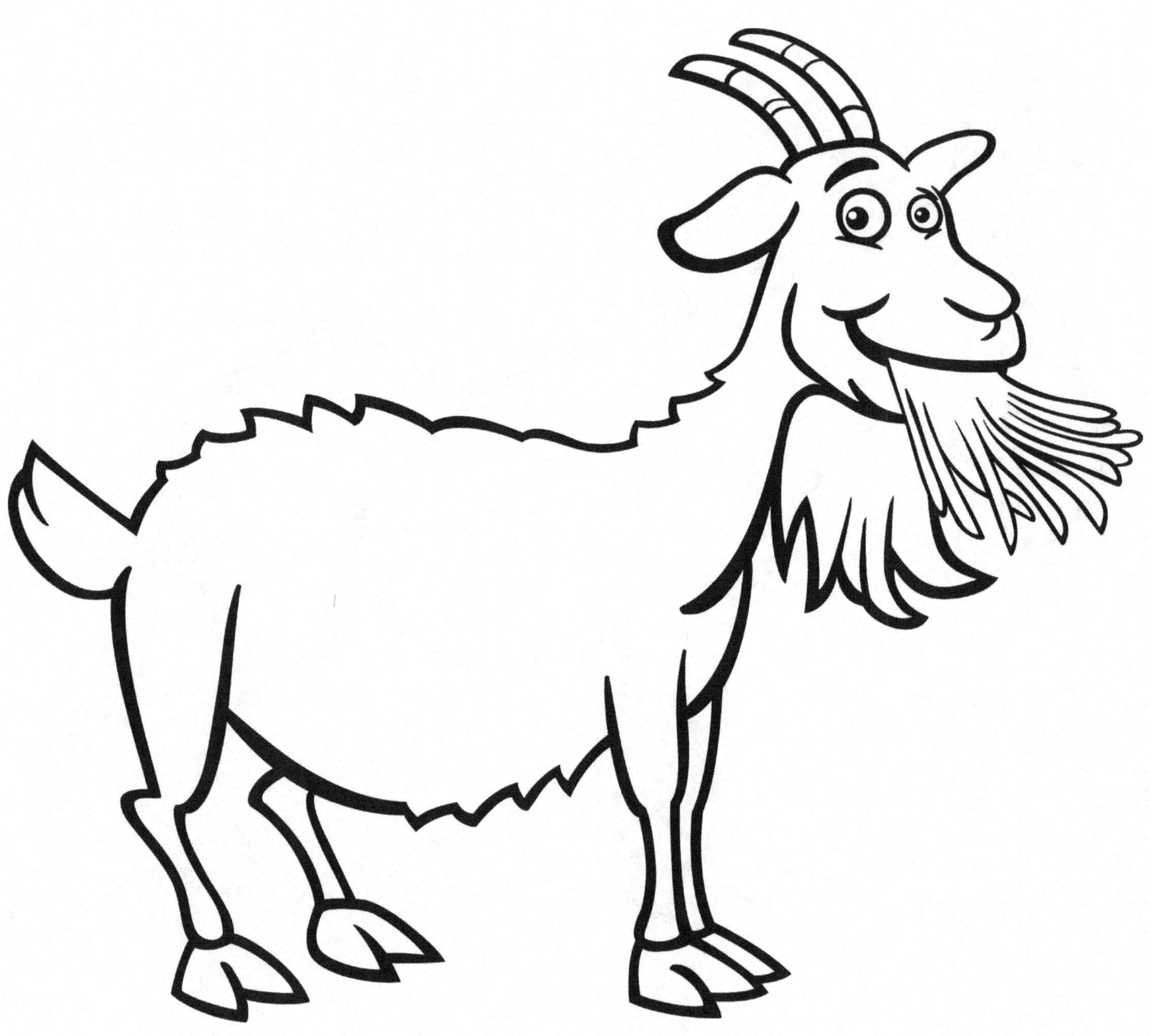

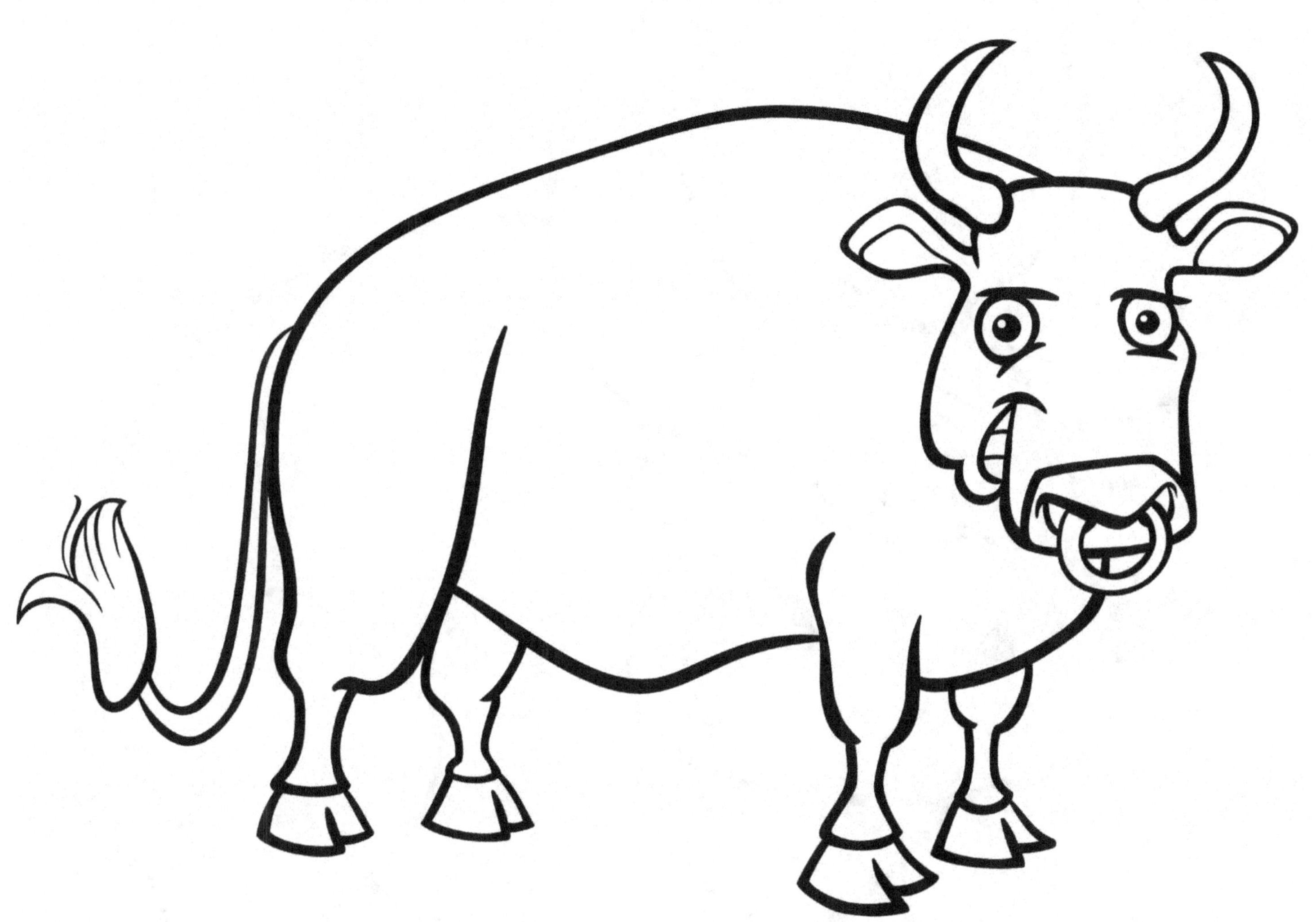

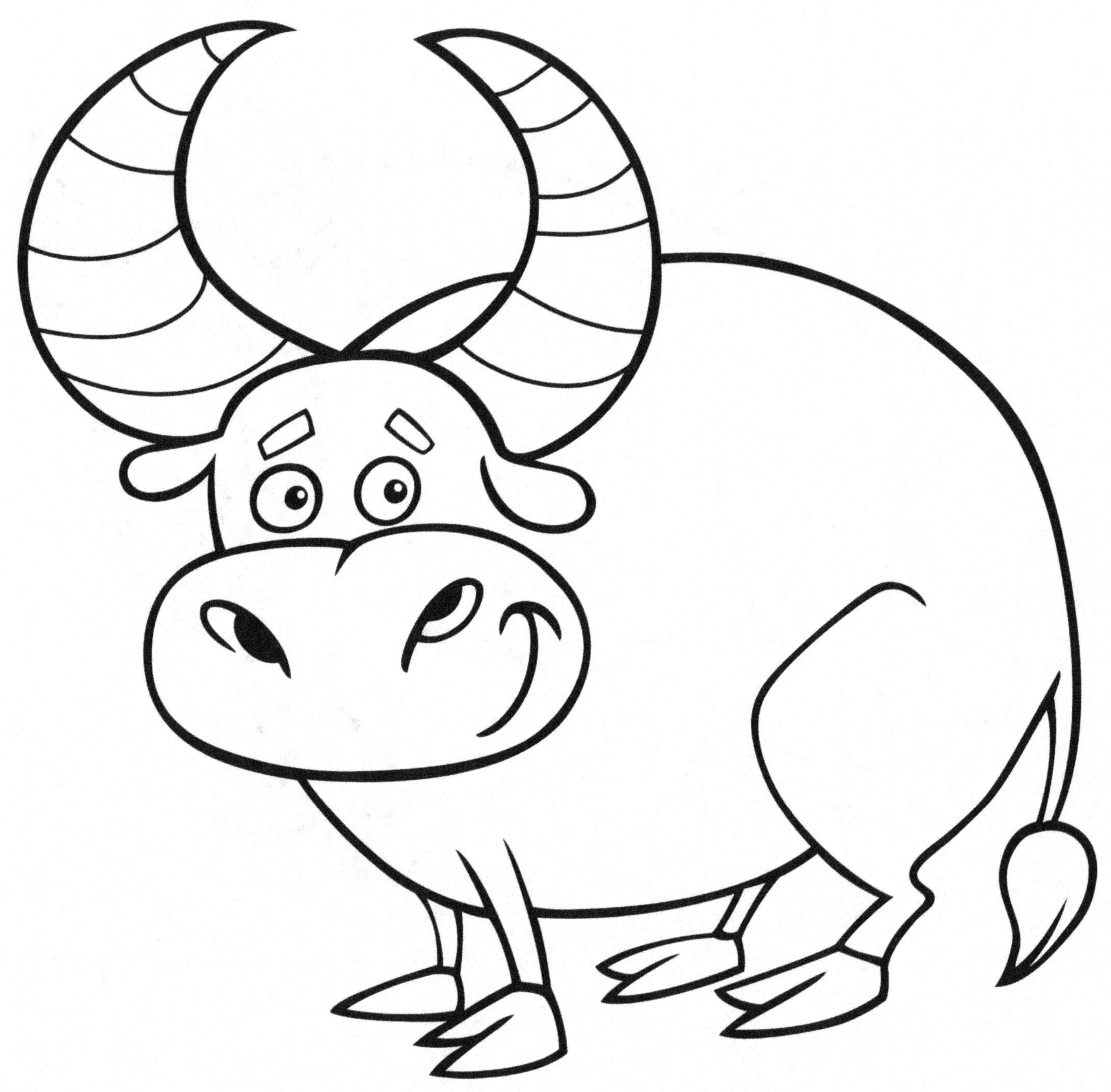

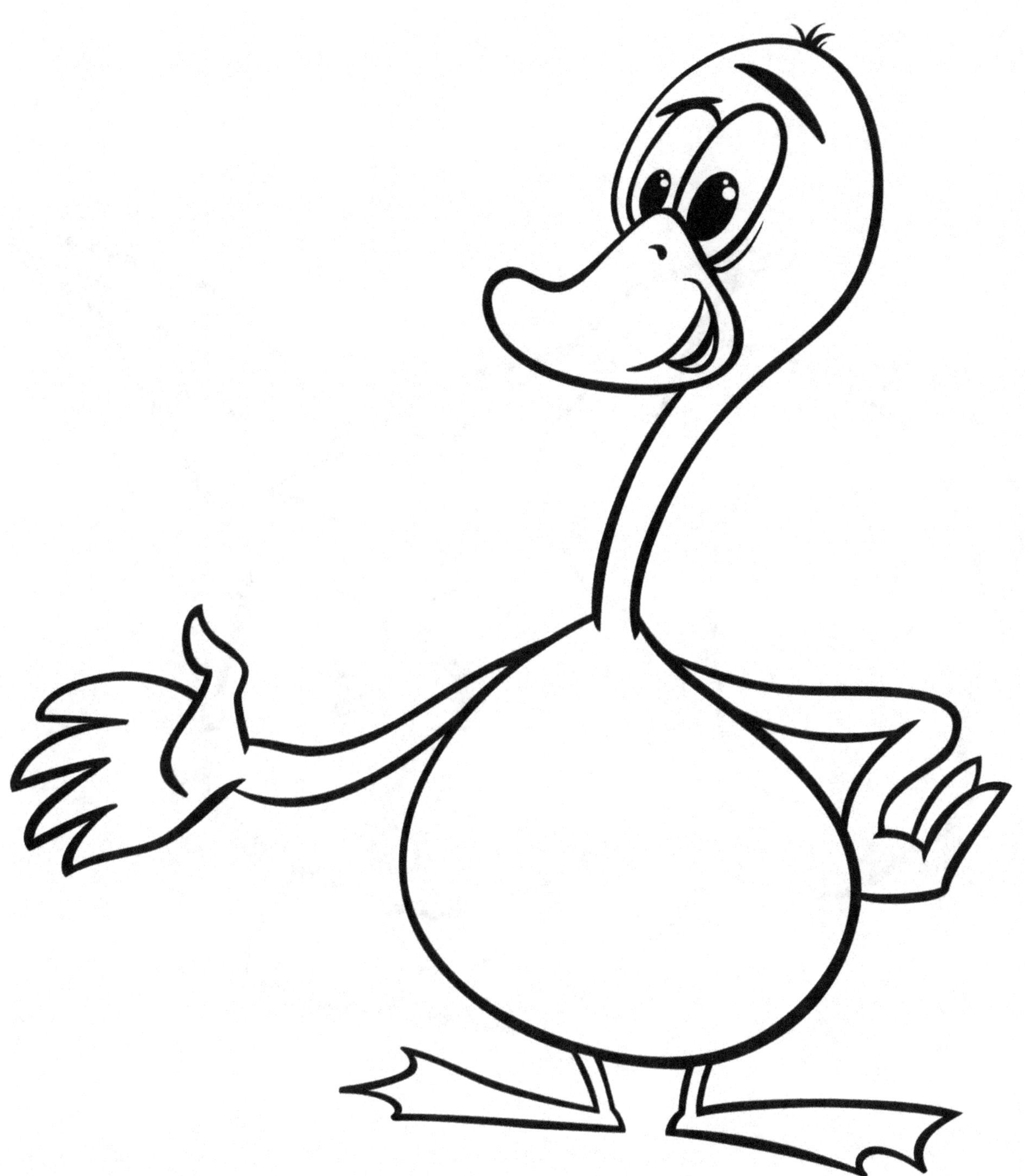

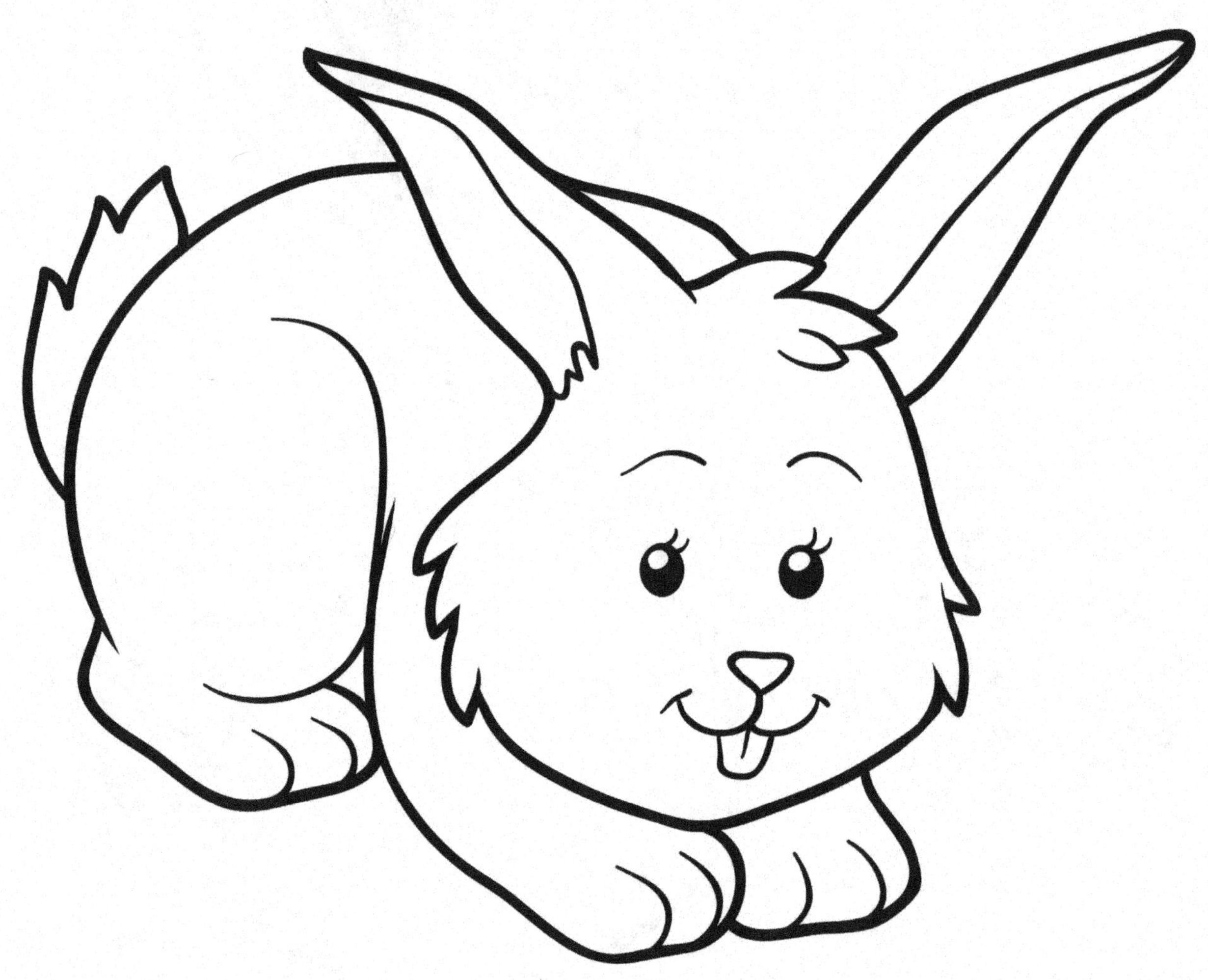

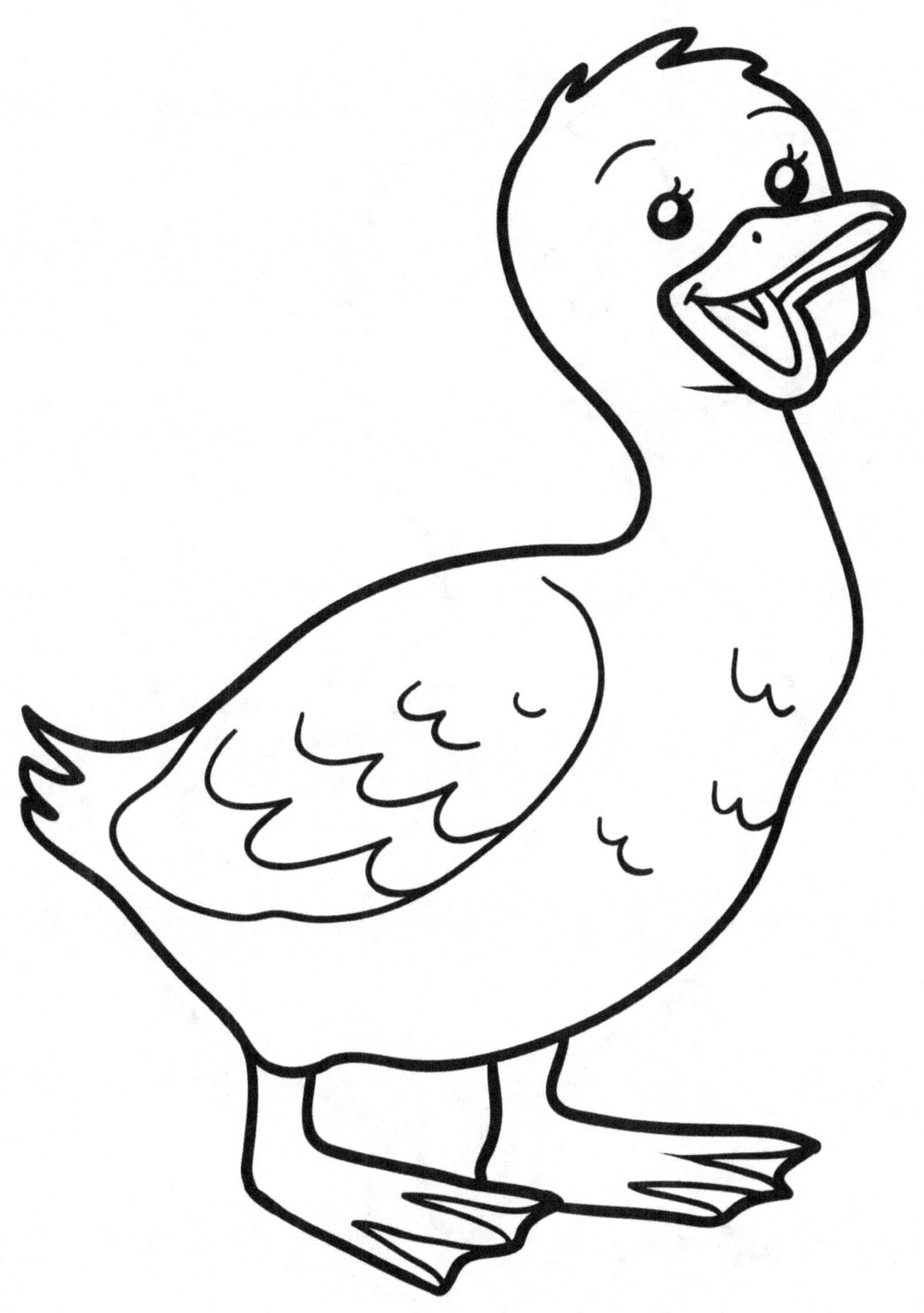

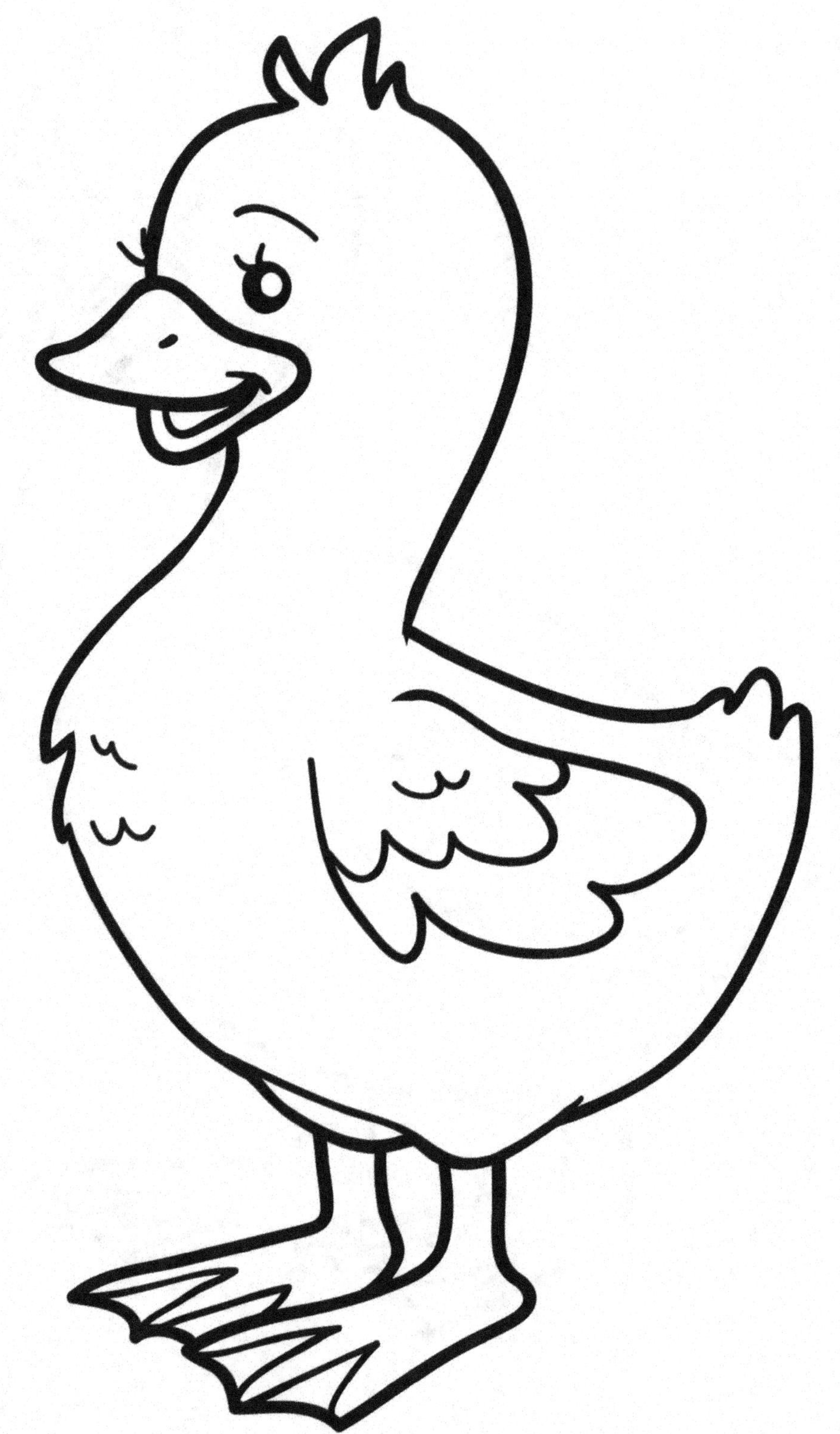

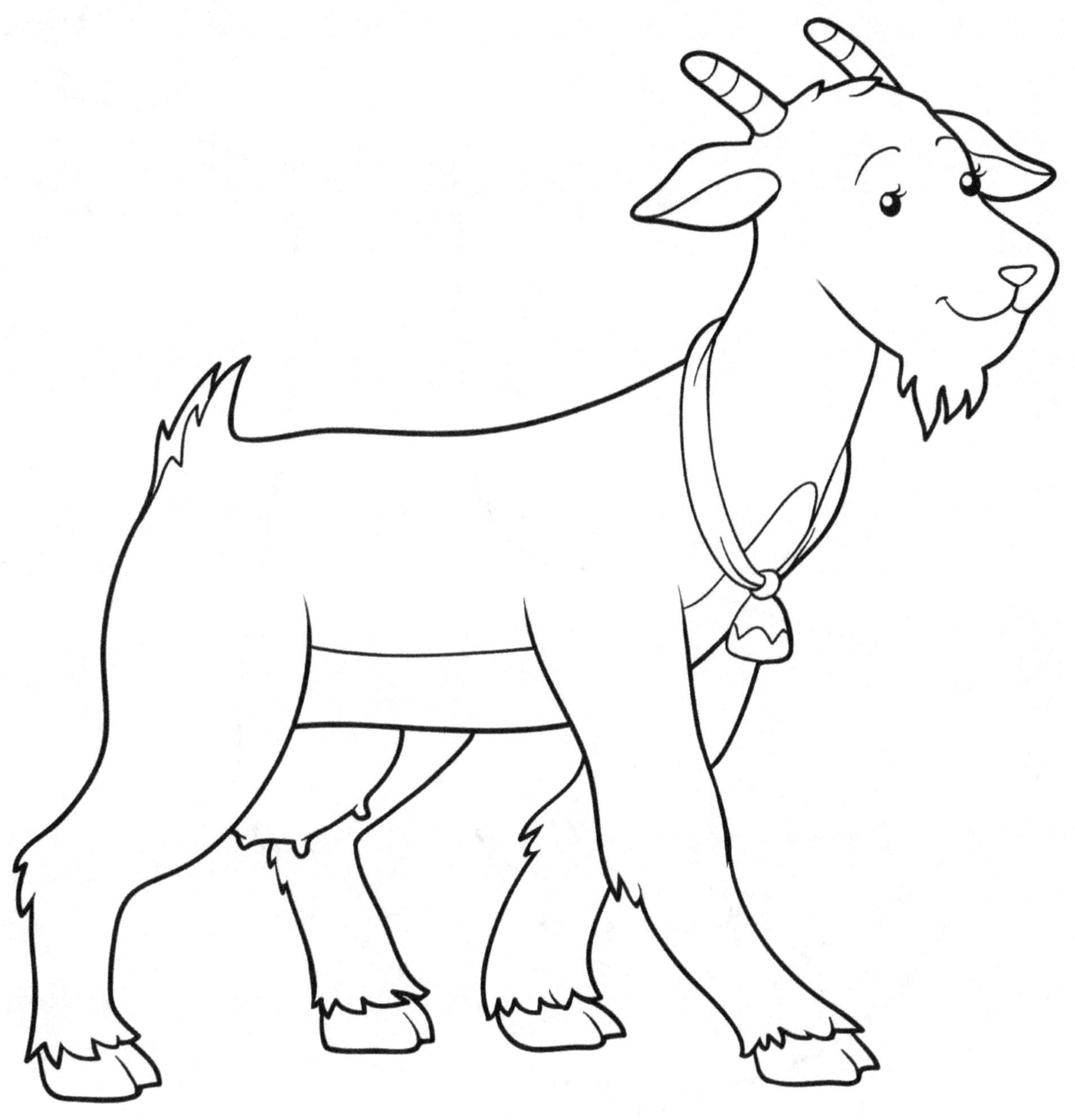

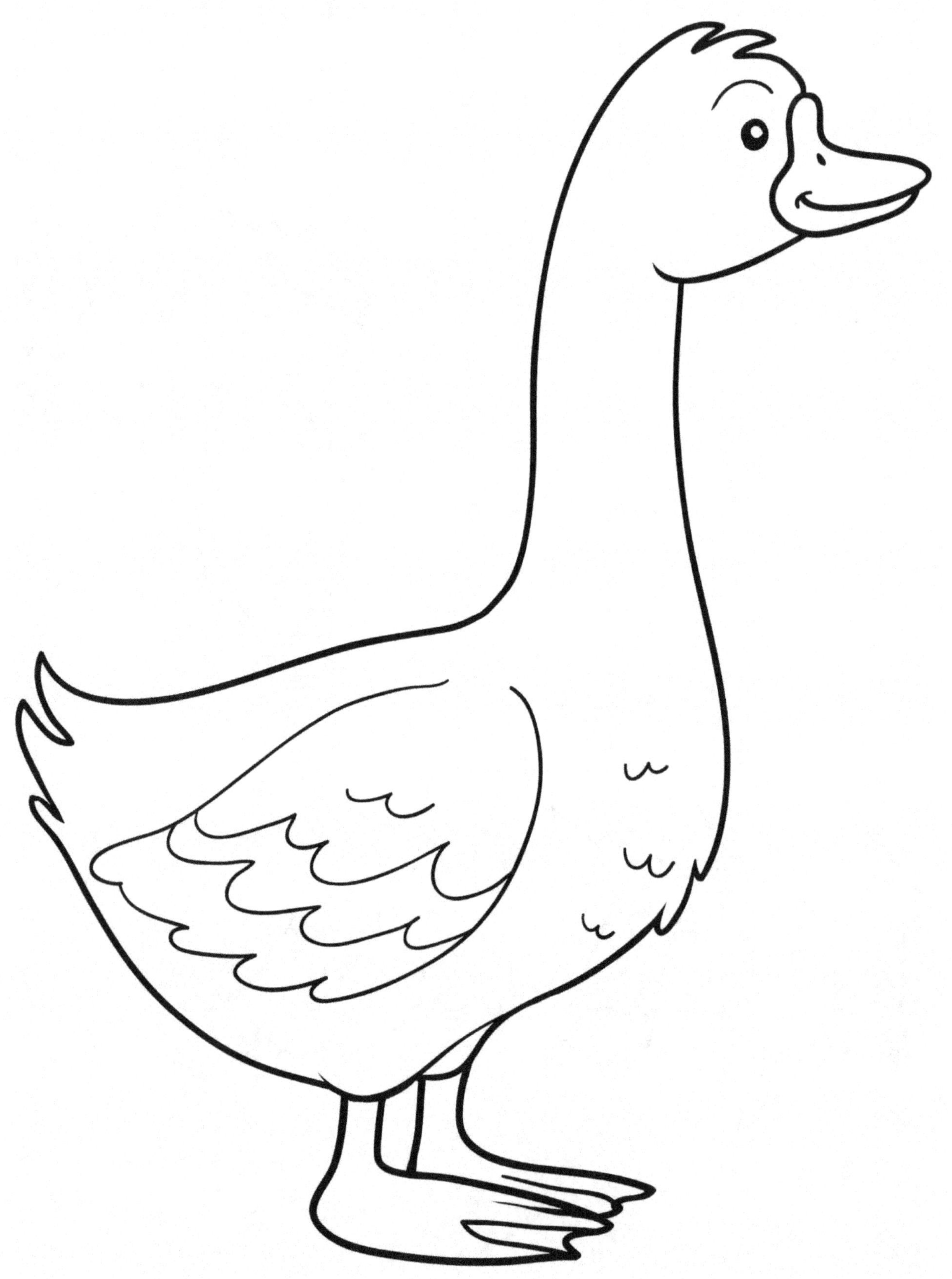

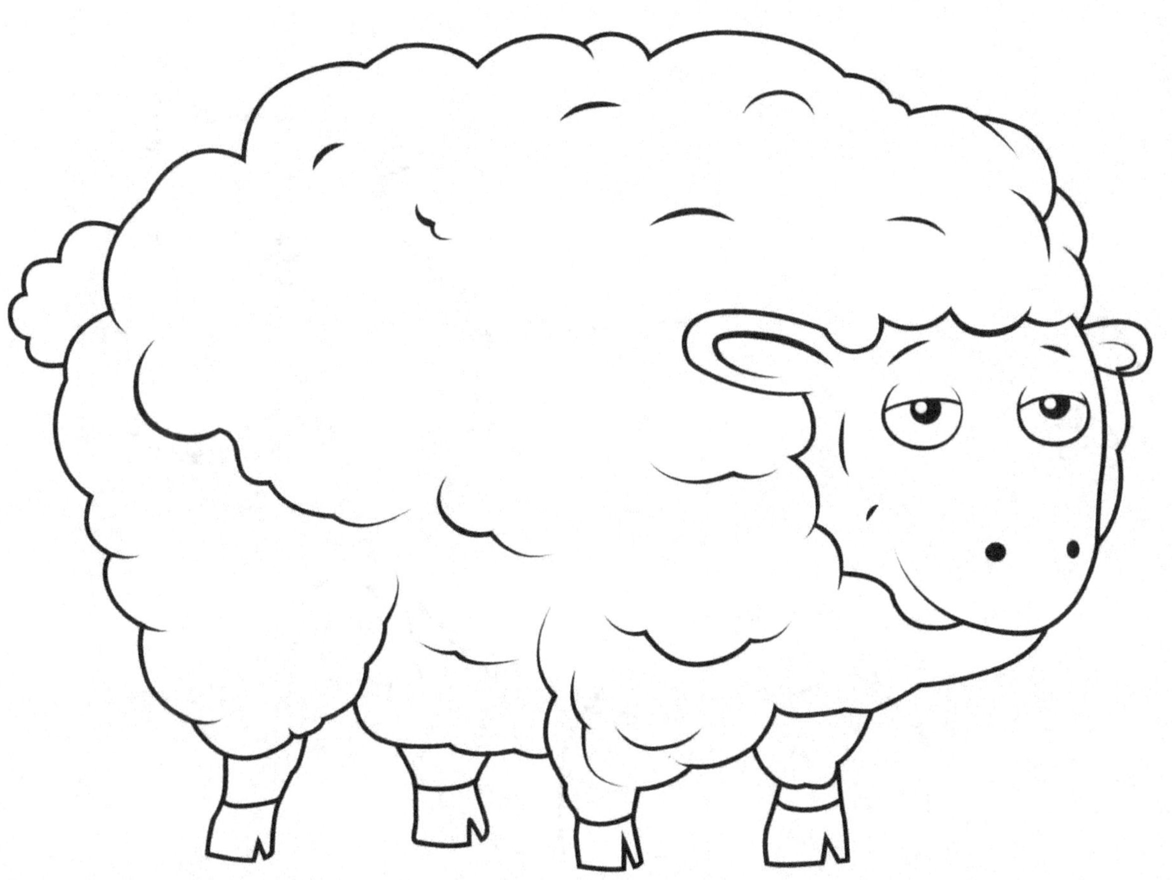

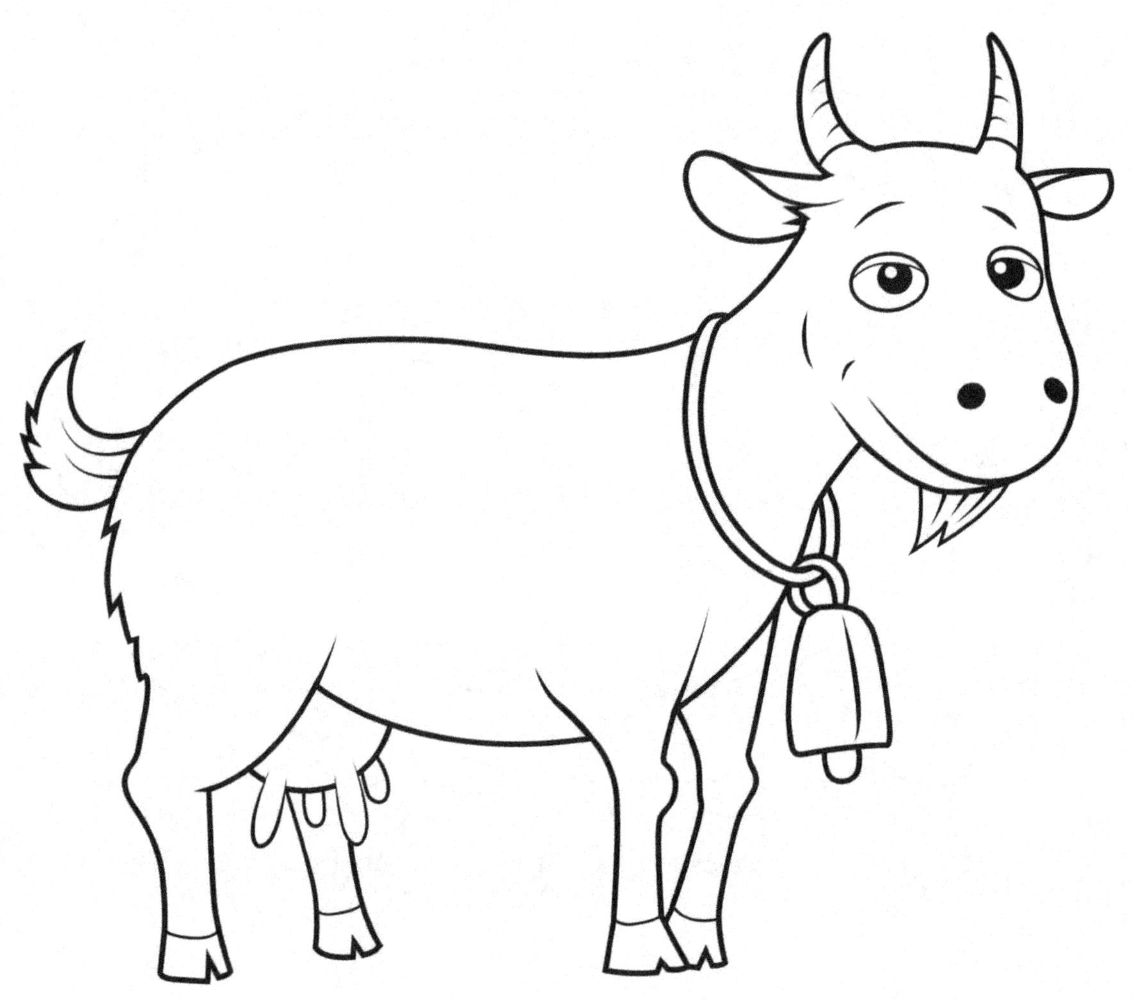

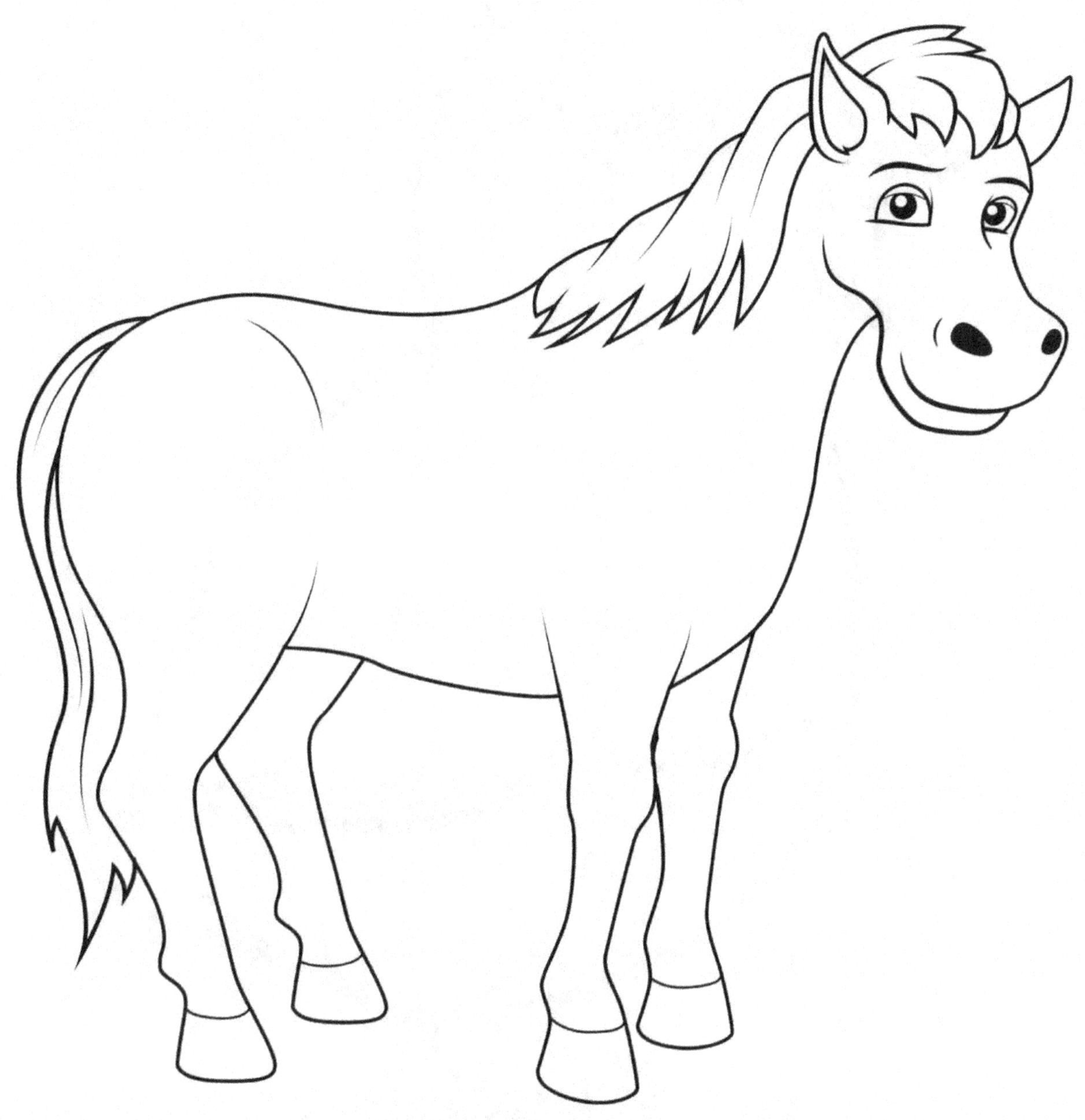

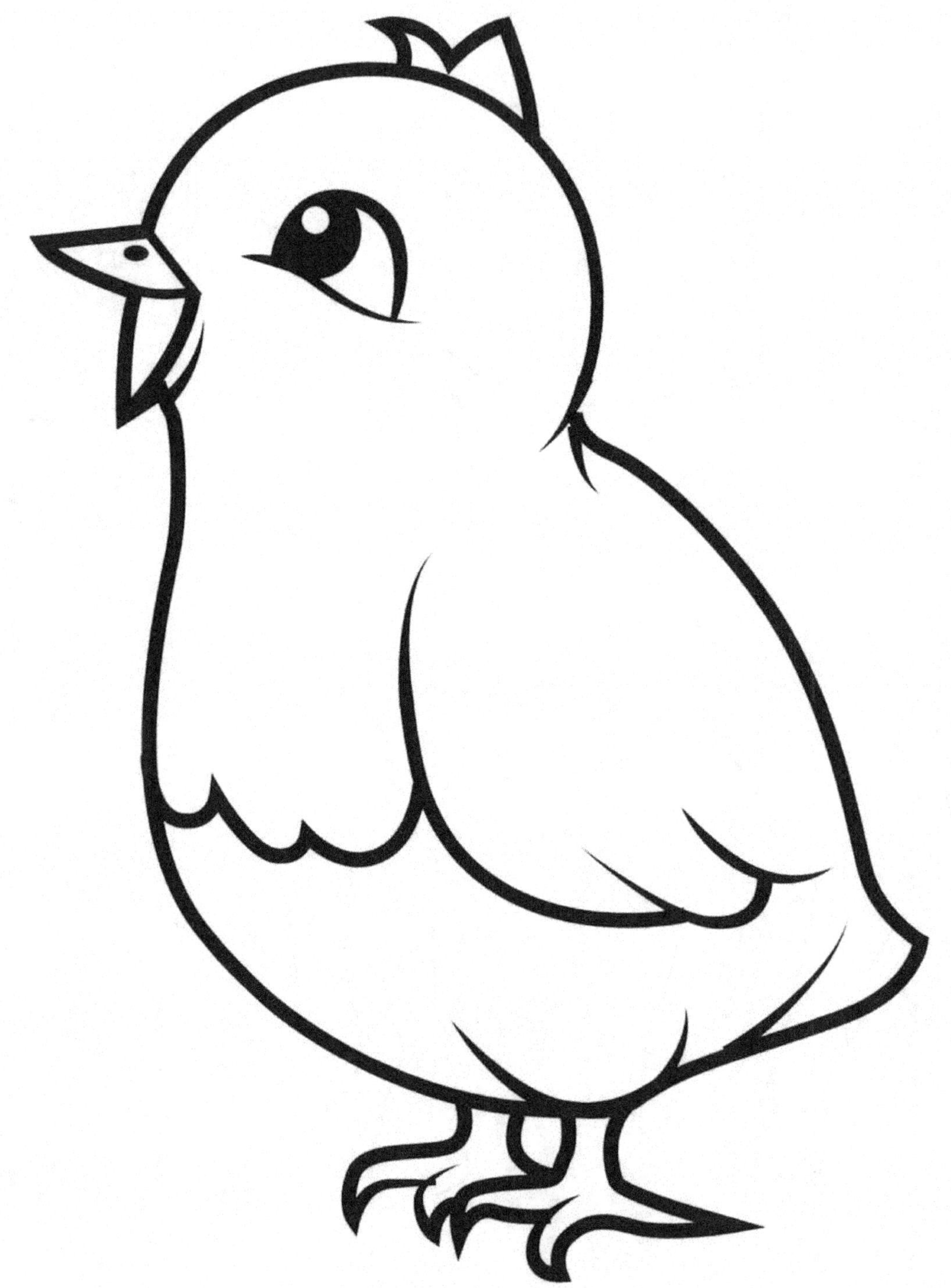

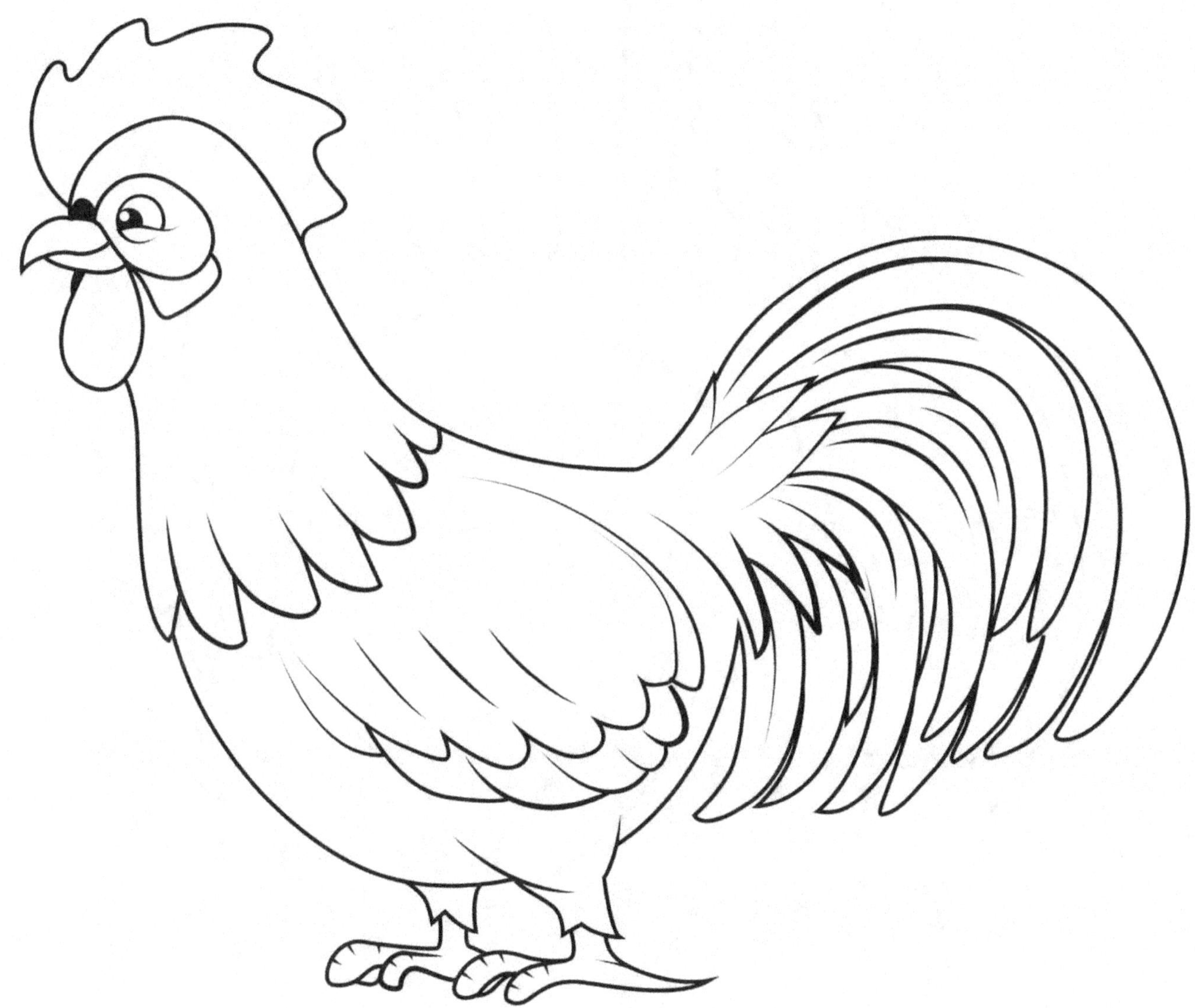

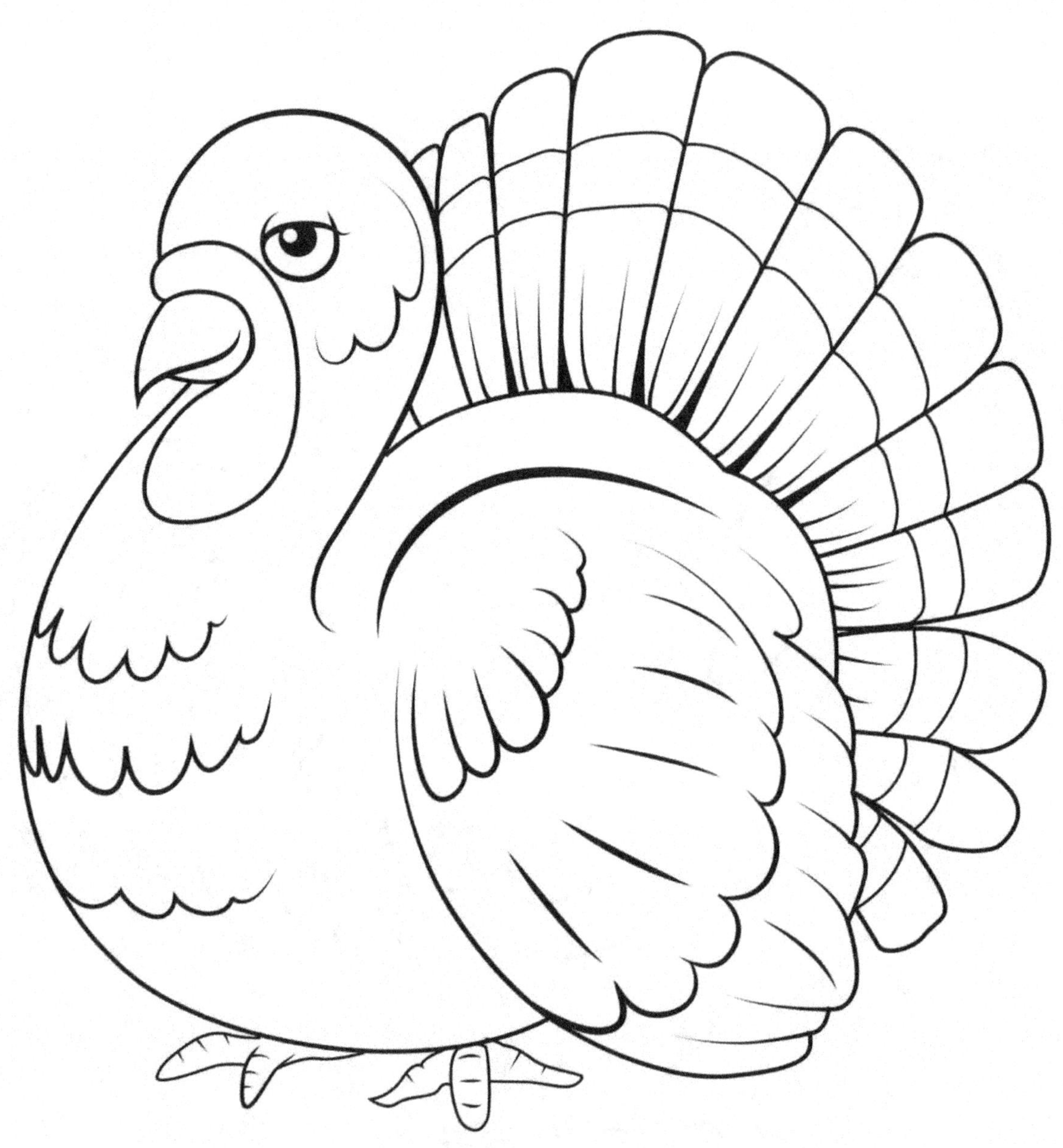

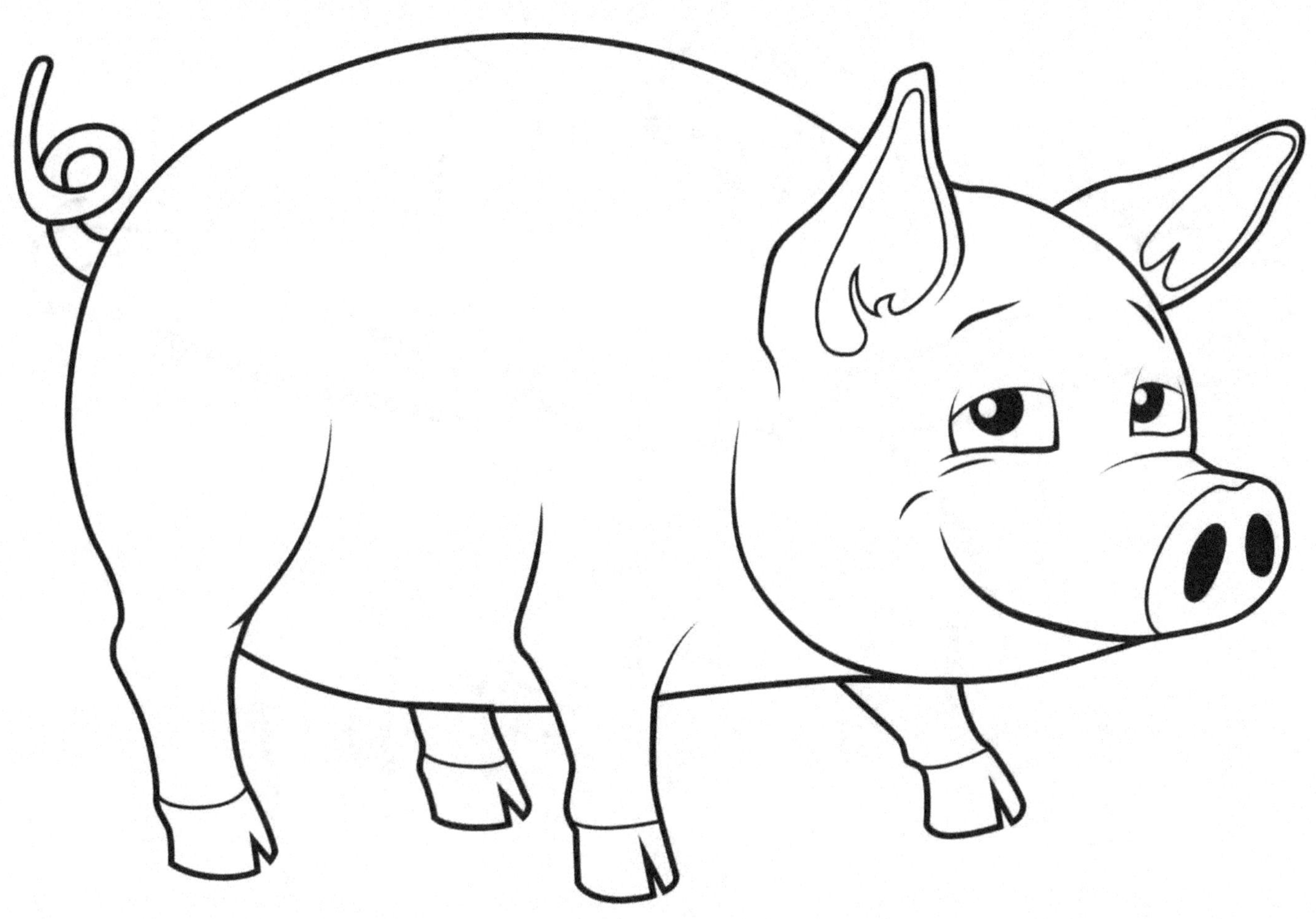

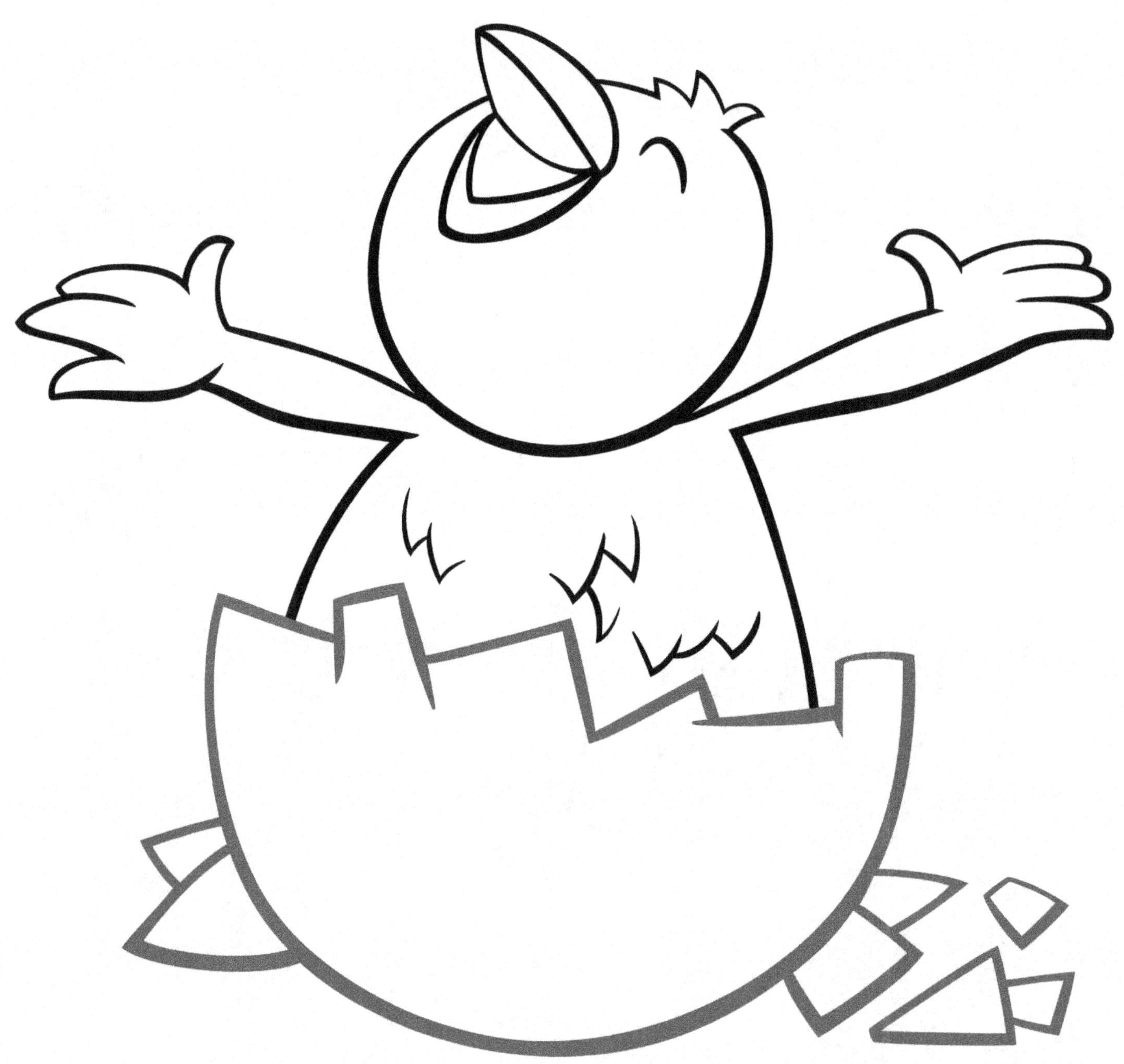